高职英语教育与教学创新实践

刘凤芸 ◎ 著

吉林出版集团股份有限公司

图书在版编目（CIP）数据

高职英语教育与教学创新实践 / 刘凤芸著. -- 长春：吉林出版集团股份有限公司, 2024. 8. -- ISBN 978-7-5731-5862-8

Ⅰ. H319.3

中国国家版本馆CIP数据核字第2024CN6932号

高职英语教育与教学创新实践
GAOZHI YINGYU JIAOYU YU JIAOXUE CHUANGXIN SHIJIAN

著　　者	刘凤芸
责任编辑	张继玲
封面设计	林　吉
开　　本	787mm×1092mm　1/16
字　　数	180 千
印　　张	12.25
版　　次	2024 年 8 月第 1 版
印　　次	2024 年 8 月第 1 次印刷
出版发行	吉林出版集团股份有限公司
电　　话	总编办：010-63109269
	发行部：010-63109269
印　　刷	廊坊市广阳区九洲印刷厂

ISBN 978-7-5731-5862-8　　　　　　　　　　　定价：78.00 元

版权所有　　侵权必究

前　言

在当今全球化日益加深的时代背景下，高等职业教育作为培养高素质技术技能人才的重要阵地，其英语教育不仅关乎学生国际视野的拓宽，更是提高他们跨文化交流能力、提高就业竞争力的关键一环。因此，高职英语教育与教学创新实践显得尤为重要且迫切。

随着信息技术的飞速发展和国际交流的日益频繁，英语作为国际通用语言的地位越发凸显。对于高职学生而言，掌握扎实的英语听说读写能力，不仅是个人综合素质的体现，更是适应未来职场需求、参与国际竞争的必要条件。然而，由于传统的高职英语教育模式往往侧重于语言知识的传授，忽视了对学生实际应用能力和创新思维的培养，因此难以满足新时代对人才培养的新要求。

在此背景下，探索高职英语教育与教学的创新实践，成为摆在我们面前的一项重大课题。我们深知，唯有不断创新，才能打破传统教学的束缚，激发学生的学习兴趣，提升教学质量和效果。因此，本书旨在探讨如何在高职英语教学中融入新理念、新技术、新方法，以促进学生英语综合运用能力的提升，同时培养其自主学习能力、批判性思维和跨文化交际能力。

笔者将探索如何构建以学生为中心的教学模式，利用现代信息技术手段丰富教学资源，创设真实的语言学习环境；如何优化课程体系，强化实践环节，使英语教学更加贴近学生专业需求和职业发展；如何建立多元化的评价体系，全面客观地评估学生的英语学习成效。

我们相信，通过不断的实践与创新，高职英语教育定能焕发出新的生机和活力，为培养更多具有国际视野、创新精神和实践能力的高素质技术技能人才贡献力量。

刘凤芸

2024 年 2 月

目 录

第一章　高职英语教育概述 …………………………………………… 1
第一节　高职英语专业教育现状分析 ……………………………… 1
第二节　高职英语专业教学模式分析 ……………………………… 11
第三节　高职英语教育的四大焦点 ………………………………… 13
第四节　大学英语教学改革概述 …………………………………… 17
第五节　高职大学英语教学改革的新要求和新形势 ……………… 35
第六节　高职英语教学改革的理念与方向 ………………………… 45

第二章　高职英语教学模式、教学方法和教学手段 ………………… 53
第一节　高职英语教学模式及其发展历程 ………………………… 53
第二节　教学模式改革的理论基础 ………………………………… 61
第三节　高职英语的教学方法 ……………………………………… 71
第四节　高职英语的教学手段 ……………………………………… 82

第三章　信息化背景下高职英语教学改革路径研究 ………………… 87
第一节　信息化背景下高职英语教学的现状及应用 ……………… 87
第二节　信息化教学环境下的英语学习模式 ……………………… 90
第三节　信息化教学环境下的英语教学方法 ……………………… 94
第四节　新媒体时代高职英语信息化教学的应用 ………………… 104
第五节　信息化环境下高职英语微课教学的应用 ………………… 108
第六节　信息化教学在高职英语课堂中的应用 …………………… 111
第七节　基于智能手机应用的高职英语信息化教学设计 ………… 116

第四章　信息化背景下高职英语教学模式的创新研究 …………… 123

第一节　信息化环境下高职英语的教学模式 …………………… 123
第二节　信息化的高职英语教学模式改革 ……………………… 127
第三节　慕课模式下的信息化高职英语教学 …………………… 133
第四节　SLA 视域下高职英语信息化教学模式 ………………… 137
第五节　信息化教学模式下的高职英语口语教学 ……………… 142

第五章　基于有效教学的高职英语教学 …………………………… 148

第一节　高职英语教学中的有效教学策略分析 ………………… 148
第二节　高职英语教学中有效教学策略的应用 ………………… 161
第三节　高职英语教学实践中有效教学策略的经验总结 ……… 173
第四节　高职英语课程思政教学实践路径探究 ………………… 178

参考文献 ……………………………………………………………… 187

第一章　高职英语教育概述

第一节　高职英语专业教育现状分析

一、高职英语专业基础教育现状

（一）高职英语专业设置

高职高专教育的目的是培养具有必要的理论知识和较强的实践能力，在生产、服务和管理第一线从事实际工作的高级技术型人才。这类人才应具备较强的社会适应能力、宽广的知识面、全面的职业技能、创造性实施任务的工作能力、较强的应用和发展能力、积极的职业态度等素质特点。正确的专业设置是保证良好素质实现的前提。

总体来看，我国高等教育的专业是按学科分类和职业岗位（群）来设置的，它反映出社会、经济和科技对人才的需要。专业设置主要遵循以下几个基本原则：一是适应社会主义现代化建设的人才需要。二是适应科学技术发展的趋势。三是符合人才培养的规律。

作为高等教育组成部分的高职教育，无疑也应该遵循这些基本原则。但是，高职教育是高等教育中独具特色的组成部分，在专业设置方面，它应该有自己的特点，必须根据自身特点去探索新的途径。以往普通高等院校主要依据学科体系来设置专业，这与它们培养理论型、研究型人才的教学目标是相契合的。也就是说，它们都根据"学科理论知识体系"坐标轴（部分加上"职业分工"坐标轴）来设定专业，基本呈现"线性设计"或"平面设计"的态势。而高职教育主要面向生产、服务和管理第一线，培养应用型、复合型技术人才和管理人才。这类人才与理论型、研究型人才相比，与特定地区的市场、职业、技术等方面有更直接、更紧密的联系。因此，高等职业教育的专业设置应从市场、职业、技术三个坐标来考虑，即用一种立体交叉的思维或视角来研究高职专业设置。

从众多高职院校近年来的专业设置来看，它们的基本思路可概括为：以市场需求为导向、以职业岗位（群）为依据、以技术含量为参数来综合研究专业设置。以市场需求为导向，就是说市场需要什么样的职业技术人才，就要想方设法去开设相应的专业。这就是"以销定产"原则，以市场需求为导向，科学设置专业和确定课程内容。以职业岗位（群）为依据，即"行业定位"原则，就是说以行业定位为主导，针对一个行业岗位、社会公益岗位，或相关的岗位等情况来设置专业。以技术含量为参数有两层意思：第一，高职教育设置的专业不完全是针对某个特定的职业岗位或岗位群的，其中有部分专业是按应用技术领域（管理技术）的需要而设置的。第二，针对职业岗位（群）而设置的专业，其技术含量也是较多、较高的。"市场、职业、技术"三者的比例可大可小，视不同时期、不同地区、不同院校和不同专业的具体情况而定。每设置一个专业都要对人才市场的需求情况做大量深入的调查，组织校内外专家和学者对调研材料进行论证分析，并聘请本地区各行业的顶尖管理和技术专家为"专业管理委员会"委员，每年对已有专业进行评估，对不适应的进行调整，对空缺的及时补充，保证高职教育与人才需求的高度吻合。以岗位、岗位群或职业所需要的能力为出发点来设计教学内容和课程体系，其重点是培养学生的动手实践能力和职业技能，这样就可以大幅缩短学生的就业适应期，使学生可以直接顶岗，从而提高高职毕业生的就业竞争力，让他们在人才市场上牢牢地占据一席之地。

高职专业设置应具备三个特点。一是主动适应，灵活多样。高职教育应该面向市场，按照职业岗位（群）或技术领域的需要来设置专业，以体现它的针对性和适应性。随着社会的发展和科技的进步，社会职业和职业岗位都处于不断变动中。面对这样一个庞大的动态系统，高职院校既不可能为每一种职业岗位或每一种技术分别设置相应的专业，也不可以照搬普通高校的专业教学目录。因此，高职院校应经常对人才市场的需求状况做大量深入的调查，调查的内容包括与各专业相关的行业规模、发展趋势、技术状况、岗位设置和人才需求，详细了解生产单位对生产、管理第一线骨干人才的素质要求等；然后，遵循择优性、可行性和效益性等原则，按轻重缓急，分期分批地设置专业。二是宽窄并举，可宽可窄。高职专业设置的宽窄并举是一种规律性现象。当前，由于科学技术的迅猛发展，出现了职业技术教育拓展专业宽度的趋势。一般来说，专业应该是"宽""窄"并存。按照职业岗位（群）需要开设的专业，专业口径应相对窄一些。而按技术领域设置的专业，专业口径相对较宽，侧重强调它的适应性。另外，可采用"宽口径、多方向"的教学模式，在一个专业下设置多个专业方向，使毕业生适应更多的职业岗位，同时又具有自己的特色和特长。三是交叉复合，分合有序。目前我国许多行业的生产、管理第一线急需的是大批既懂理论又懂技术，既懂操作又会经营的复合型、智能型人才。可以将不同的专业复合起来，比如，商务加英语、旅游加英语等；也可将专业知识和专业技能复合起来，如，商务知识和单证制作、商务文秘和办公自动化等。

在教育规模快速发展的同时，高等职业教育也暴露出一些深层次的问题和矛盾。如部分高职高专院校在专业设置、专业调整等工作中出现了一些新的情况和问题，突出表现在专业设置随意性较强。许多高职院校在设置专业时，缺乏科学有效的专业论证和预测机制，没有形成既与地方经济的主导产业发展趋势相适应，又立足于自身办学条件和办学特色的切实可行的专业发展规划。还有的高职院校的专业设置简单地套用本科甚至研究生学科（专业）目录，有的则沿用中等职业教育的专业名称，不仅学科专业名称差异较大，而且学科专业代码大多数不一致，造成了专业设置的混乱，在很大程度上影响了学校的人才定位、教学管理、招生以及就业等工作的科学性与规范性。不同类型学校相近的高职高专教育专业名称有明显的不同。根据招生部门的初步统计，全国至少有1500多个高职高专教育专业名称。专业名称不规范，在一定程度上影响了高职高专教育专业结构的调整和培养人才类别的划分、统计和宏观调控，以及社会对人才能力结构的了解和毕业生的就业。专业设置混乱，随意性强，名称不规范的情况非常普遍，如，有些院校设立商务英语专业，而另一些院校称其为商贸英语专业；旅游英语专业在不同的院校被称作涉外旅游、旅游管理、旅游英语等；还有一些院校在应用英语专业中下设商务英语，而有些院校中商务英语专业下设应用英语等，此类例子不胜枚举。

（二）高职英语专业的培养目标和社会意义

高等职业技术教育作为我国高等教育的重要组成部分，与普通高等教育构成我国高等教育的两支大军。它们具有很多的相同点，如教育层次基本相同、教育的政治取向一致、教育教学的基本原则相同、教师的基本要求相同、学校管理原则基本相同等。但是，高职教育与普通高等教育在培养目标、培养特征、专业设置、课程开发、授课方法、教学条件、师资队伍、招生制度、教育形式、管理架构等方面也存在很大的差异。其中最突出的就是它们的培养目标不同。普通高等教育培养的是学术型、理论型、工程设计型等学科专业人才，而高职教育培养的是技术型、智能型、复合型等实用人才。

高职高专英语专业以培养具有良好的综合素质和英语听、说、读、写、译的能力，具备较丰富的英美文化知识，熟悉和掌握一定的专业基本理论和方法，适应涉外工作第一线需要的高等应用型专业人才为己任。也就是说，既要培养具有良好的英语应用能力和英美文化知识，又具有专业知识的技术型或应用型人才，这与本科培养的学术型和工程型人才有所不同。高职高专英语专业学生除了具有良好的思想道德素质和身心素质，他们的文化素质是以英语知识为基础的，虽不要求学生像学术型人才那样掌握高深的理论知识，但要求达到大学专科层次必须具备的理论知识和"基础学历"，同时具有相应的其他专业知识，以便与一个高级的应用型、技能型人才的知识储备和国民素质相适应。

虽然学术型、工程型、技术型或应用型人才都处于高等教育的文化背景和素质平台之上，同属于高层次的人才，且都在自己的专业领域具有较强的创新能力，但高职英语专业培养的技术型或应用型人才，相对普通高校英语专业培养的学术型人才而言，他们程序性知识娴熟，操作性技能高超；擅长实践，动手能力强；并且能把课程中学到的理论知识应用到工作实践中。高职英语专业培养的应用型人才在听、说方面的能力尤为突出，同时他们还具有一定的其他专业知识，如商务、旅游、交际、外贸、文秘等，能更快地适应工作岗位的需求。由此不难看出，高职英语专业作为普通高等英语教育外延的拓展，是一个新兴的类别，它与普通高等英语教育互补共存，其培养的应用型人才特色鲜明,与普通高等英语专业培养的学术型人才各有所长,都为社会所需要。同时,高职英语教育直接与生产、管理第一线相联系,为社会发展服务,为经济发展服务,为中华民族在新时代的腾飞造就大批技术素质优秀的外语人才。

(三)高职英语专业与普通英语专业的区别

几乎所有的普通高等院校和高等职业技术院校都开设有英语专业。高职英语专业与普通高校英语专业有着密切的关联,但是它们又各具特色,不尽相同。高职英语专业与普通高校英语专业在教学层次上存在显著差异。高职英语专业学生在入学时,认知英语单词与高职非英语专业学生基本相同,为 1000~1600 个;而普通高校英语专业的学生入学时,已掌握了不少于 2000 个单词。学习的起点不同,教学要求也不同。在教学任务完成时,学生在听、说、读、写、译各方面所达到的程度也大不相同。大部分普通高校英语专业要求学生通过全国英语专业四级和六级统一考试,而对高职英语专业学生没有做统一要求。不同的高职院校对英语专业学生有不同要求,有的要求通过全国统一的英语专业四级或六级考试;有的学校要求通过大学英语 A 级考试;也有学校鼓励学生参加国际语言考试,如 TOEFL(Test of English as a Foreign Language)、IELTS(International English Language Testing System)等,并设定一定的分数线以获得毕业资格。

除了教学要求不同,高职英语专业与普通高校英语专业在教学目的上也大不相同。笔者通过对国内十余所高校所开设的"英语专业"调研发现,它们的专业培养目标大同小异,基本上都是"培养通晓英语语言及英美国家文学、社会、历史,能在外事、文化、新闻出版、教育、科研、经贸、旅游等部门从事翻译、研究、教学、管理工作的英语高级专门人才"。由以上目标不难看出，常规的本科英语专业培养的是通用型外语人才，没有针对社会某些相对固定的职业岗位（群）需要而设定人才的规格，英语对于毕业生将来从事的工作岗位来说仍然只是一种工具。在课程设置上，以学科的理论体系为框架设置课程，组织教学，强调知识的系统性、完整性。普通本科院校的英语专业沿袭着传统的"公共基础课英语语言课"的套路，语言类课程主要有：英语精读、口语、英语语法、英语写作、笔译、口译、跨文化交际、英语语言学、英语词汇学、英语修辞学等。在课堂教学中，教师仍然是"主角"，学生只是匆匆记录，课堂"秩序"良好，整个教学过程"鸦雀无声"，没有任何发自学生的"噪声"，学生学到的是大量的"知识"，学生所做的也只是记录和记忆。学生的学习实践活动主要是社会实践和教学与翻译实习。高职高专英语专业中设立的"应用英语""商务英语""旅游英语""英语教育"四个英语专业与普通本科院校的"英语专业"在培养目标、人才培养模式、社会就业等方面有很大的差别。经过调查发现，大部分高职英语专业的培养目标是："培养较高层次，德、智、体、美全面发展，具有较扎实的英语语言功底和较强的英语交际能力，具备一定的专业基础知识和业务能力，能运用英语从事商务活动、外事活动、旅游接待、英语教育等工作的高等应用型专业人才。"[①]从该培养目标可以看出：高职英语专业培养的人才已经将商务、外事（应用）、旅游、教育等专业与英语有机结合，其培养的人才具有较强的岗位针对性。高职英语人才由原来的"通用型"人才，变成了目前的"应用型"人才。在课程设置上，以职业综合能力为中心，以职业岗位（群）所必备的知识、能力和品格为依据开发课程，课程内容突出适应性和针对性。英语基础课以"必需、够用"为度，强调教学以技能实践和实用训练为主。大部分高职英语专业课程都是采用综合的形式，课程主要由英语、专业和综

---

① 杨海霞,田志雄,王慧.现代高职英语教学研究与实践探索[M].长春:吉林人民出版社,2019.

合实训三部分构成。而且为了突出专业和英语两个强项，在课程构成上英语课程和专业课程都占了相当的比例，学生在这两方面达到"了解总体、掌握基本、简单操作"的水平。高职英语专业学生对于所学知识的要求是"实用为主、够用为度"；所开设的主要课程除了综合英语、英语听说、口语、听力等英语课程，还开设了大量的专业课程和综合实训课程，如，商务英语专业开设了商务英语、国际贸易实务、国际金融、商务模拟、商务文秘等专业和实训课程。在教学方法上，大部分高职院校的英语专业都注重学生英语交际技能、专业应用和业务能力的培养。课堂上除了传授知识，还加强了课堂的互动。课堂教学的主体由原来的教师变成了现在的学生，教、学、做合一，手、脑、机并用。同时，学生的教学实践能力也得到了提升，无论在课堂教学中还是在实训室，学生都有大量的机会开展操练和实训。除此之外，大部分高职院校还安排学生定期到企业实习或到交易会等场所进行业务实习，以加强学生的动口、动手能力。从目前就业状况看，高职英语专业培养定位主要是：涉外型或外资型公司的文员、秘书、外贸业务人员等。同时，高职英语专业学生除了毕业证（学历证），还持有各类职业资格证书，资格证书和学历文凭并重。学生就业心态较好，社会需求旺盛，因此，高职英语专业的毕业生供不应求。

通过从以上分析可以看出，高职英语专业和普通高校英语专业在某些方面有共同之处，如开设的某些课程，但是从培养目标、课程设置、教学方法和教学安排等多个方面，高职英语专业突破了传统本科英语专业课程单一的不足，为学生拓宽了知识领域和发展空间，同时，针对学生的技能培养增加了大量的实训，有利于学生对所学知识的融会贯通，有利于学生应用能力、实用能力的培养与提高，有利于为社会培养基础扎实、机智灵活、求实创新的新时代复合型、应用型人才。

二、高职英语专业的社会需求

普通高校专业建设的一般指导思想是"以学科建设为基础、以基础学科专业为依托、以社会需求为导向、以课程建设为核心",[①] 专业建设中尤为注重学科的建设和发展,这与它主要培养理论型、研究型人才的培养目标是相契合的。相对而言,高职教育专业具有更大的可变性和开放性,更容易受到市场变化的影响。这主要是由于高职教育培养的是高等应用型技术人才和管理人才。较之理论型、研究型人才,这类人才与一定区域的市场、职业、行业、产业、技术等有着更直接、更紧密的关联,其专业具有较强的职业定向性和针对性,其专业设置是以市场需求为导向。以市场需求为导向,就是面向区域和地方经济发展,面向生产、服务与管理第一线来设置专业,将当地产业结构和社会人才需求的变化趋势作为确定专业体系主体框架的依据。高职教育的专业设置与专业结构,虽然不能完全准确地反映社会职业需求,但高职教育的专业类别与设置越来越贴近经济社会的需求,大体上折射出了产业结构调整和社会职业需求的变化趋势。另外,社会人才需求决定了高职各类专业的生存和发展。高职英语专业也不例外。

互联网上大多用英语进行对话。国际电话中的交谈,有85%是用英语进行的,全球四分之三的邮件、电传和电报用的也是英语,英语更是国际商务活动中使用的通用语言。外企大量涌进中国市场,同样中国企业也将走向世界。本来就很走俏的英语专业人才,必然备受青睐。因此,国际贸易、外语类专业需求趋热,增幅较大。随着经济活动的频繁,很多企业急需大批精通外语、贸易、法律的复合型谈判人才,这也是外语专业毕业生普遍看好的

---

① 杨海霞,田志雄,王慧.现代高职英语教学研究与实践探索[M].长春:吉林人民出版社,2019.

发展方向。从社会需求上看，许多政府部门、国际组织、外企和跨国公司以及大型国有企业与高科技公司对复合型英语人才的需求量非常大。中国加入WTO（World Trade Organization）对外语人才在数量、质量、种类及层次等方面均提出了更高的、更多的要求，尤其是需要具有深厚的语言文化基础、纯正的英语语音语调、系统的相关专业知识，具有用英语流利地进行国际交流和在对外贸易活动中的笔译能力，并能独立从事对外贸易、外事、交际、旅游等业务工作的人才；单一的阅读型和语言技能型人才，已远远不能满足社会的需求。

三、高职英语教师现状分析

1. 教师最后毕业院校：师范类和非师范类

教师的最后毕业院校反映在师资队伍建设中一个突出的问题是：很多非师范类院校本科生或者研究生，在学校读书期间没有接受较为系统的教学方法培训，没有进行系统的教育心理学课程和教育理论的学习，也可能没有教育实习经验，毕业后就到职业技术院校任教。他们到了英语教学岗位，教学活动大多凭自己的感觉，一切凭自己摸索，实施教学。因此，职业技术院校在师资队伍建设中面临一个重要的任务，就是需要建立针对年轻教师"传、帮、带"机制，帮助年轻教师熟悉并掌握英语教学规律和特点。

2. 入职前工作经验：教学经验丰富，实践经验较欠缺

从企事业单位引进有实践经验的英语人才，是职业技术院校英语专业建设"双师型"英语教师队伍的有效措施。随着教师职业准入制度进一步完善和深化，这部分教师的数量必将越来越多。

高等教育大众化和社会对应用型复合人才的需求必然会促进我国高等职

业技术教育的快速发展，职业技术学院英语教育也将会高速发展。随着英语教育规模的进一步扩大，师资队伍建设问题也日益突出。从目前职业技术院校英语教师的来源上看，主要是招聘普通高等院校毕业的本科生、研究生和企业、事业单位具有实际工作经验的英语专业人员，有一些经济实力比较强的院校通过特殊政策吸引博士研究生，还有就是聘请兼职教师。加强英语师资队伍建设，尽快提高他们的职称、学历、教学水平和科研水平以及实践能力，使他们快速适应职业技术英语教育需要和教学要求，是当务之急。

第二节　高职英语专业教学模式分析

一、教学模式的定义

在教育学理论体系中，教学模式也许是最有歧义的术语之一。人们但凡论及教育教学，教学模式一词都不免登场亮相。尽管该词在各种期刊和专著中具有很高的曝光率，但学术界至今也未能对其作出一个占主导地位的定义，更多的只是各家各派的理解和诠释。

研究教学模式，有必要先对"模式"作一番语义分析。基于各大权威辞书的考证认为，"模式"一词源于"模型"，最初指实物模型，后发展为指非实物模型。非实物模型的最初应用是在数学领域，即数学模型，指用数学符号抽象地表达实际问题，"数学建模"如今已经发展成为一种专门学科。非实物模型拓展应用于人文社科领域后，即成为人们常说的各种"模式"，如"文化模式""教育模式""经济模式"等，指用文字或图解对非实物现象进行抽象的说明或描述。模式与理论联系密切，可从理论中来，也可发展为理论。从中文语义上看，"模式"广于"模型"，而其对应的英文则一般用"model",而非"pattern",如今两词在翻译上有混用的趋势。

在教育领域,一般公认美国哥伦比亚大学乔伊斯和威尔等是最早从事教学模式研究的学者。他们在《教学模式》中引用杜威对教学的定义——"教学是环境的设计",认为教学模式是"对学习环境(模式使用时教师行为)的描述,可用于设计课程、教案、教材(多媒体材料)等诸多方面"。[①] 在此基础上,他们提出信息加工型、社会型、个人型和行为系统型四大类别十多种教学模式。

二、高职英语专业教学模式的定位

探究我国高职英语专业教学模式必须首先辨析几个概念,或者说理顺几组关系,即普通高校本科英语专业与高职英语专业的关系、通用英语与专门用途英语的关系、教学方法与教学模式的关系等。

(一)普通高校本科英语专业—高职英语专业

相对于本科英语专业的成熟经验,我国高职教育整体起步太晚,目前仍处于摸索阶段。近几年随着经济全球化发展,我国加大了培养针对一线岗位(群)的实用型高等人才的力度,高职教育取得了前所未有的发展。然而,从总体上看,除了主要面向非英语专业的教育部高教司 2000 年 10 月颁布试行的《高职高专教育英语课程教学基本要求》,我国还没有颁布专门针对高职英语专业的指导性大纲,而我国本科英语专业已经在长期发展的成熟经验基础上,开始按照"英语+专业知识""英语+专业方向""英语+专业"等模式进行改革,以适应新时代对复合型人才的需求。

---

① (美)布鲁斯·乔伊斯(Bruce Joyce),(美)玛莎·韦尔(Marsha Well),(美)艾米莉·卡尔霍恩(Emily Calhoun).教学模式[M].荆建华,译.北京:中国轻工业出版社,2009.

（二）通用英语—专门用途英语

我国高等职业教育目前仍处于探索期，关于高职英语教育的国家指导性文件只有教育部高等教育司颁布的《高职高专教育英语课程教学基本要求》。由于高职院校培养的是技术、生产、管理、服务等领域的高等应用型人才，高职英语的课程教学目的被确定为"使学生掌握一定的英语基础知识和技能，具有一定的听、说、读、写、译的能力，从而能借助词典阅读和翻译有关英语业务资料，在涉外交际的日常活动和业务活动中进行简单的口头和书面交流，并为今后进一步提高英语的交际能力打下基础"。尽管这一界定仍未明确说明对高职英语专业的具体要求，但作为高职教育的重要组成部分，高职英语专业不可避免地同样带有高职教育的普遍特性，即与职业岗位（群）的紧密联系，而这恰好与ESP所涵盖的范围不谋而合。

（三）教学方法—教学模式

结合高职英语教育的实际情况，笔者将高职英语专业教学模式界定为由一定数量的子模式群体，分层次构建的一个开放式、发展性的体系，它以一种简化的方式反映高职英语专业建设的方方面面，其中既包含教学各要素及其关系，又体现教学各阶段、各过程的特点。它是高职英语专业人才培养的一种综合模式，又可具体分为宏观的能力结构子模式群、中观的教学过程子模式群和微观的课堂教学子模式群（课堂教学方法）。

第三节　高职英语教育的四大焦点

高职英语教育在教学理念、教学模式等方面都有所创新，它目前关注的四大焦点问题是：以话题为中心；使用原版语言；满足学习需求；培养学生的英语交际能力。

一、以话题为中心

高职英语教育主张以话题而非语法项为基准选用教学材料，从而激发学习者的兴趣，使其具有使用新的语言去成功做事的自信心和惊喜感。课堂实践是一种打破语法系统、以话题为中心的阅读和实践活动，话题内容不再是对基于语法内容的课程的点缀和补充，而且语法学习必须与话题相关联，由话题决定。

美国学者布林顿、斯诺、韦舍建议，语言教育的目标就是为了避免人为地将专业与语言割裂。不幸的是，这种割裂存在于许多教学环境中，因为人们错误地认为，学语言等于学语法，意义只能通过翻译，通过第二者才能传达，学生必须在学习真正的专业之前流利地使用语言。许多人担心，以专业知识为教学重点会牺牲语言技能的培养。实践证明，语言学习并没有被忽视。在高职英语教育中，语言与专业是相互作用的。

二、使用原版语言

慎重、有效地将原版材料引入课堂，这是高职英语近年来的发展趋势之一。有人担心使用原版语言会给学生增加学习难度，平添畏难情绪；也有人认为，有些词汇和语法本来就难学，所以应先学。实际上，分级课文与原版课文相比会给学生带来更多的麻烦，而且人工语言课文并不能给学生提供真实的英语交际环境，它缺乏自然的语言积累，剥夺了学生理解的多重暗示，分级语言和人工语言很难有效地提高学生的语言能力。

如果材料是精心挑选的，学生又有图式知识作为铺垫，如此，利用专业与上下文相结合的办法去理解信息，学生便会开发其他语境中未知语言的语言处理机制，最终提高英语水平。

高职英语教育的重要部分是如何对课堂活动分级，并运用多种教学策略，如有效利用上下文，循环或螺旋式使用已有信息，利用学生的背景或图式知识，使用协作方式和教学策略等。

三、满足学习需求

高职英语教育考虑到学习者的语言、认知和情感差异，在帮助他们做出相应调整的同时，也满足了其职业和个人兴趣要求。

1. 语言差异

由于学生个体图式知识的差异，使得不同学生在语言特征、词汇、语法学习方面存在学习顺序以及内容取舍等问题。此外，有些学生习惯于使用图式知识去推断意义，即猜测；有些学生对模糊的容忍程度低，对陌生语言的处理策略少，更惯于求助教师、语法书和词典去证实自己的假设，他们更喜欢记忆法。

2. 认知差异

在认知层面上，学生有不同的学习风格，如有些学生视觉信息接受能力强，有些学生听觉学习效果好；有些善于演绎，有些长于归纳；有些注重整体，有些偏好局部；有些善于发现共同点，有些善于比较不同点；有些按顺序处理信息，有些平行处理信息等。一个课堂上的认知差异是无穷的，每一种学习风格都和学习策略有关，每个学生对任何一种教学策略的反应都是不同的。熟悉教学策略，又了解学习风格的教师有得天独厚的优势去帮助学生更好地学习原版专业材料。变换讲解演示方式是应对不同学习风格的基本策略之一。

3. 情感差异

大多数学生在学习原版材料和真实案例取得成功时都会迸发出极大热情，个别则不然；有些习惯于独自学习；有些付出努力就希望表扬；有些不喜欢教师的明显纠正；有些得不到纠正则不悦；等等。优秀的教师应随时观察和分析学生的情感需求，争取保持克拉申所说的"低情感过滤者"作用。

在决定教学内容时学生的参与有极大帮助。学生参与选择话题和教学活动可使其产生更好的学习动机，并使课程转移到更好地满足学生需求的轨道上来。而且，被采纳的主题和实践活动营造了一种学生自觉学习的氛围，极大地减轻了教师教学组织的负担，使教师更容易成为"学生学习的管理者"。

四、培养学生的英语交际能力

就广义而言，高职英语教育是语言教育的新坐标，这个新坐标的中心是培养学生英语交际能力，即在真实条件下与操母语者交际的能力。

真正的人际交流是不可能脱离对目标语言文化的深刻理解以及语言与非语言交际能力的综合运用而独立存在的。这一概念与高职英语教育紧密相连，因为为了让学生在新的文化环境中顺利生存与工作，教师必须在教学过程中建立起教学与所学目标语文化之间的直接联系。显然，仅仅依赖语法能力的教学方法是不足以完成这一使命的，它要求我们的教学方法必须涵盖并强化文化意识、语言实践以及非语言交际技巧的培养。

语言教育家克拉申指出，外语学习早已超出了纯语言的范畴，它同时也是一项社会的、文化的、历史的历险。因为它研究的是社会现实的语言，所以传统的关于语言与文学、宏观文化与微观文化、语言能力与语言使用、普通教育与职业培训的界定，早已不像先前那样清晰。

高职英语教育将会成为有效的外语教学途径。克拉申和特雷尔将专业性课堂活动称为课堂上有效地向学生提供提高性输入的教学方式。同时,这种教学方式成功地向学生显示学习英语的优势,高度关注学生在语言学习中的分析和批评能力,鼓励学生继续提高语言技能。

第四节 大学英语教学改革概述

一、大学英语教学改革的基本原则

大学英语教学改革并不是毫无规律可循的,而是要遵照一定的规则和依据展开。

(一)以学生为中心原则

以学生为中心是英语教学的首要原则。以学生为中心的理论源于美国教育学家杜威的"儿童中心论"。他曾指出,人类有着自由的天性,尊重这种自由的天性,遵循教育的自然规律对儿童的成长和发展有重要的作用。在英语教学中,"儿童中心论"的理念是要求尊重学生的主体地位,遵循学生学习的自然规律。也就是说,教师心里要时刻装着学生,时刻想着学生的需求,将"教"建立在学生的"学"上,一切工作都要围绕学生的学习展开。教师必须在充分了解和分析学生心理与需要的基础上,安排和调整自己的教学策略和步骤以适应学生的需要,注重学生的主体作用,提供过程与经验,由学生自己进行意义的建构,自主学习,而不是让他们接受现成的知识。具体来讲,教师要做到如下几点:

(1)制订合理的教学方案,即教师必须根据学生的语言接受水平和语言运用能力来制订合理的教学方案。

（2）认真分析教材，即教师必须保证教材内容符合学生的实际需求，并根据学生学习中的实际情况来调整教学内容。

（3）认真备课，即教师必须在上课前精心准备教学内容、设计教学流程，对一些突发状况要有所准备，以保证课堂教学顺利进行。

（4）选择合适的教学方法，即教师还必须根据学生的特点选择合适的教学方法，从而激发学生的学习兴趣，使学生积极参与学习。

（5）重视自身的引导和支架作用，即教师必须在学生遇到困难时给予及时的帮助，在学生学习进步、情绪高涨时多加鼓励，引导他们继续努力等。

（二）循序渐进原则

任何事物都是循序渐进地发展起来的，英语的教与学也是如此。学生的英语学习必须经历一个由易到难、由外到内的吸收和消化过程，这样才能真正掌握学到的知识，才能将这些变成自己的东西并运用自如。因此，英语教学也必须遵循人类认知的渐进规律，遵循循序渐进的原则。具体来说，英语教学的循序渐进原则应该做到如下三点：

1. 口语向书面语过渡

学生在学习语言时首先以口语开始，然后逐渐过渡到书面语。英语包括口语和书面语两种形式，但是从语言的发展史来看，口语的发展远远早于书面语。这是因为人类在几十万年前从学会劳动的时候起，就开始说话，但是那时候人们还不会写字，文字的出现要晚得多。可见，在英语中，口语是位于第一性的，书面语是位于第二性的。因此学生学习英语应从听说（口语）开始，逐渐过渡到读写。

此外，由于口语里出现的词汇比较常用，而且大都是日常生活用语，句子结构也相对简单，与书面语相比更容易学习，因此，通过口语的学习，学生可以很快获得与日常生活相关的交际语言，迅速提高交际能力。

2.听、说技能向读、写技能过渡

在听、说、读、写等语言技能的培养上，应该首先侧重听、说能力的培养，逐渐过渡到读、写技能的培养。通过英语课堂中的听、说教学，学生可以学到正确的语音，掌握基本的词汇和基本的句子结构，从而为读、写能力的培养奠定基础。因此，在英语学习的初级阶段，特别是在起始阶段，教师应加强听、说的教学，然后再逐步向读、写教学过渡。

3.各种能力不断强化

英语能力的提高不是一次性完成的，而是一个螺旋式发展的过程，需要进行多次训练。这种循环往复要求教学中要做到以旧带新，从已知到未知。因此，教师应以学生已有的语言知识和已熟悉的语言技能为出发点，传授新知识，培养新技能。

（三）兴趣原则

兴趣是最好的老师，是推动学生不断前进的最强有力动力。对于学生来说，对英语学习的兴趣大小在很大程度上决定着英语学习的成功与否。从表面上看，我国学生在英语学习中大多都很消极，不主动。实际上，很多学生一开始对英语学习并不是排斥的，这是因为他们对于英语学习具有天然的兴趣，对新鲜事物和对异国语言与文化也抱有强烈的好奇心。之所以很多学生对英语学习失去兴趣，英语水平迟迟得不到提高，很大程度上是因为传统教学中教学理念出现偏差、教师教学方法不当、考试体系不科学等，因此，若想真正提高教学质量，必须首先从源头抓起，努力激发和培养学生学习英语的兴趣，为英语学习注入生机和活力，这样教学效果也就指日可待了。为了激发学生的学习兴趣，教师应该做到如下几点：

（1）找到学生感兴趣的点。教师只有了解了学生的兴趣所在，才能够因需施教，真正激发学生的学习动机。

（2）善于发现学生的进步并及时给予鼓励。教师在教学中应当善于发现学生的进步，并及时给予鼓励和表扬，这既可以培养学生的自信心，也是培养学生学习兴趣的一个有效方法。

（3）加强师生之间的交流。实践表明，人们对课程的喜爱程度与教师存在着密切的关系。教师性格活泼，且富有幽默感就会影响学生，使学生喜欢这位老师所教授的课程。

（4）创新教学方法。创新的教学方法不但有助于提高学生的学习兴趣，而且也有助于发展他们的思维和运用能力，学生的学习兴趣也会因良好的学习效果而得到加强。

（5）完善教学评价。教学评价方式的完善要求引入形成性评价，这将引导学生更加注重学习的过程，体会进步的成就感和学习的乐趣，从而激发他们主动学习的愿望。

（四）灵活性原则

灵活是兴趣之源，灵活性原则也是兴趣原则的有力保障。同时，语言是一个充满活力、不断发展的开放性系统，所以英语教学改革应该遵循灵活性原则。具体来讲，教师应该在平时的教学中做到如下几点：

1. 运用灵活的教学方法

教学方法的灵活意味着教师在英语教学中，要对语音、词汇、语法等语言知识和听、说、读、写、译等语言技能教学的实际情况进行具体问题具体分析，根据不同的教学内容、教学情况灵活采取不同的教学方法。

2.引导学生采用灵活的学习方法

学习方法的灵活意味着教师要引导学生积极探索合乎英语语言学习规律和符合学生生理、心理特点的自主型学习模式，使学生能够自我导向、自我激励、自我监控，发散思维、开拓创新，在不断地尝试和总结中提高学习效率。

3.灵活使用英语组织课堂

学习语言的最终目的是交流沟通。教师要通过灵活地使用英语带动并影响学生使用英语。在课堂教学中，教师应尽可能多地用英语组织教学，使学生感到他们所学的英语是活的语言。此外，教师还可以通过灵活布置作业为学生提供灵活使用英语的机会。

（五）交际性原则

交际性原则是英语教学改革始终要坚持的原则。教师要培养学生能够运用所学的语言知识在不同的场合、对不同的对象进行有效交际的能力。具体来说，教师应该做到如下几点：

1.正确理解英语教学的性质

要坚持交际性原则，教师要先理解英语教学的性质。英语教学是一种针对听、说、读、写等各项技能的培养型课程，教、学、用三个方面是一个有机的统一体，其中"用"处于核心地位。使用英语进行交际的能力是在使用的过程中培养出来的，只有理论没有应用，很难达到预期的目标。因此，在教学中应加大英语使用的力度。

2.将英语作为交际工具来教、学、用

众所周知，英语是一种进行交际的工具，英语教学的目的是培养学生了解和掌握这种交际工具。使用交际工具的能力是在使用当中培养的，英语教学中的交际性原则既要求教师将英语作为一种交际工具来教，也要求学生把英语作为交际工具来学，还要求教师和学生课上课下都将其作为交际工具来用。

教学活动要和以英语进行交际紧密地联系起来，力争做到英语课堂教学交际化。在英语教学中，教师或学生不是单纯地教或学英语知识，而是通过操练，培养或形成用英语进行交际的能力。教师要尽量利用教具，为学生创造适当的情境，协助学生进行以英语作为交际的真实的或逼真的演习。这样使学生不仅能学得有兴趣、有成效，而且能真正学到英语的本质，学了就会用。

3. 教学内容与活动的选择要贴近生活

由于英语语言是用于现实生活中的，所以英语教学就要将教学内容与学生的生活相联系。具体来说，在英语教学中，教师应把语言和学生所关心的话题结合起来，给学生提供足够的、内容丰富的、题材广泛的、贴近学生生活的信息材料，这样的材料由于具有一定的现实性，因此，容易使学生产生共鸣，从而会激发学生的兴趣，也能促使他们认识到学习英语的目的在于交际，而不是为了应付考试。

4. 在教学中创设交际情境

要使学生具备使用英语进行交际的能力，真正做到在适当的地点和适当的时间，以适当的方式向适当的人讲适当的话，就要在英语教学中积极创设情境，开展各种各样的教学活动，以此来提高学生英语语言应用的能力。情境包括时间、地点、参与者、交际方式、谈论的题目等要素，在某一特定的情境中，某些因素，如讲话者所处的环境、地点以及本人的身份等都制约他说话的内容、语气等。另外，在不同的情境中，同样的一句话也可以表达不同的意义和功能。例如，"Can you tell me the time?"具有两层意思：可能是质问他人为什么迟到，是一种责备的口吻；也可能是向别人询问时间，是一种请求的语气。因此，在英语教学中，只有把教学的内容置于一种有意义的情境之中，才有可能让学生充分理解每一句话所表达的意思。这就要求教师在设计英语教学活动时要充分结合教材的内容，利用各种教具，开展各种情境的交际活动，这样对学生和教学都会产生有利的影响。此外，教师也可以设计任务型活动，让学生通过完成特定的任务来获得和积累相应的学习知识与经验，但这些活动需要具有交际的性质，才利于交际目标的完成。

（六）系统性原则

系统性也是英语教学改革必须遵循的一个原则。系统性原则主要有三个作用：

（1）使学生对所学内容有比较系统、完整的概念。

（2）能够建立起各个部分知识之间和新旧知识之间的联系。

（3）能够清晰且有层次地消化所学内容。

下文将详细分析系统性原则对教师工作提出的要求：

1. 系统安排教学工作

教师在安排教学工作时应该有一定的计划，主要做到如下几点：

（1）有计划地备课。例如，一篇课文要上8课时，在备课时要一次备完，不能今天上两节课就备两节课的内容，要一次备好。

（2）讲解要逐步深入，层次分明，前后连贯，新旧联系，突出重点，一环套一环，一课套一课。

（3）教学的步骤和培养技能的方法应该符合掌握语言的过程。要根据课程的最终教学目的，由易到难，逐步提高要求。

（4）布置的练习要有计划性。要先进行训练性练习，然后再进行检查性练习。此外，练习的形式要具有体系性，相同的练习形式也要有不同的要求。

（5）布置的家庭作业要与课上讲课的重点密切联系起来。每次作业要有明确的目的，课内课外要通盘考虑。

（6）经常考查学生对知识和技能的掌握情况，每堂课要有提问并做相应的记录。这可以起到督促的作用，也能为自身的教学提供有益的反馈。此外，对学生的平时成绩不能仅凭自己的印象来评定，平时对学生所做的口头和笔头作业要有记录。

2. 系统安排教学的内容

在英语教学中，教师安排的教学内容也要有严密的计划和顺序。例如，低年级教学内容的安排基本上应是圆周式的，对内容不要机械地去理解，切忌生搬硬套。教师应该按教科书的安排特点和班级的情况合理组织讲课的内容，确定讲课的重点。当遇到一个生词时，不要急于将这个生词的所有意义、用法全部讲给学生。当讲解一个新的语法规则时，不要一股脑儿地把所有规则都交代给学生，而要分解知识，分步骤地教给学生。这样才能由浅入深，由易到难。

3. 系统安排学生的学习

教师要不断地指导学生进行连贯的学习。所有学习都要循序渐进，做到经常、持久、连贯，也就是要持之以恒。同样，教师在教育学生的过程中首先要做到有恒心，及时地带领学生进行复习和做好功课。另外，教师要帮助学生处理好日常学习与期末复习的关系。要明确指出，将学习重点放在平时，平时训练要从难从严。坚决反对那种平时学习不努力，期末考试临时抱佛脚的做法。此外，教师还要经常关注和指导学生的学习方法，并做到因材施教。

（七）关注情感的教育性原则

关注学生的情感，教育性也是大学英语教学改革要遵循的一个原则。具体来说，教师在教学过程中关注学生情感要做到以下两点：

1. 努力创造良好的教学环境

（1）建立相互尊重、相互理解、相互信赖的新型师生关系。教师应该做到仪表大方、笑容可掬、和蔼可亲，保持在学生中的威望。教师既要充当学生学习上的指导者，又要做学生生活中的朋友。教师要及时了解学生遇到的挫折，帮助其总结经验教训，克服困难，帮助他们树立学习的信心。作为生活上的朋友，教师要时刻注意学生的思想动态、家庭情况，必要时对其进行心理指导。

（2）营造激发学生学习动机和兴趣的轻松愉悦的学习氛围。上文提到，兴趣是学习活动中最直接、最活跃的推动力。学生的学习兴趣不仅能转化为稳定的学习动力，而且还能促进学生智力的发展，启迪学生智慧和开发学生潜能，达到提高学习效率的目的。教师在教学过程中要注意培养学生学习英语的持久兴趣，把培养学生的兴趣、态度和自信心放在英语教学的首要地位，从而有效地促进学生身心健康全面的发展。

除了兴趣，学生的动机也是影响英语教学的关键因素。不管是听、说、读、写等能力的培养还是英语知识的教学，如果不能激发学生的学习动机，教学就不可能产生预期的效果。而创设情境就是激发学习动机一个重要因素，因为没有特定的社会情境，就没有语言的交际活动。

2. 培养学生形成积极的情感

综合诸多教育专家和学者的观点，可以将培养学生积极情感的具体举措归纳为如下两点：

（1）联系学习内容讨论情感问题。在平时的英语教学中，教师要注意融入积极的情感态度的培养，针对学生学习过程中出现的具体问题进行具有针对性的引导，帮助学生解决情感态度方面的问题。

（2）建立情感态度的沟通渠道。在课堂教学中，教师要建立起情感态度的沟通和交流渠道，如营造融洽、民主、团结、相互尊重的课堂氛围等。有些情感态度可以集体讨论，有些问题则需要师生之间进行有针对性的单独探讨。但在沟通和讨论的过程中，教师要注意尊重学生的感受，避免伤害学生的自尊心。同时，情感既有内在的表现也有外在的反映，所以教师必须仔细观察，了解学生的情感态度，以培养学生积极的情感，消除消极的情感，促进学习者健康人格的发展。

二、高职大学英语教学改革的理论依据

面对社会发展和教改不断深入以及全面推进素质教育的高涨呼声，作为外语教师或教学研究人员，除了要熟知基本外语教学理论和技术，还要对外语的教与学有更深入的研究，借助不断发展的相关理论，使外语教学更具有教育性、更能促进学习的成效，使学习者素质全面提高。本书在大学英语教学改革与创新中主要涉及近些年在外语教学中极具应用潜力的一些理论。

（一）认知理论

认知语言学兴起于20世纪80年代初，是认知科学与语言学相结合而形成的新兴边缘学科。从20世纪90年代以来，认知语言学在中国蓬勃发展，其理论及相关概念对第二语言习得和教学等诸多领域产生了深远影响。认知语言学所提出的主要概念和研究对象有理想化认知模型、基本范畴、原型、图式、辐射范畴等，其中被应用于英语教学的有基本范畴、隐喻认知结构、

相似性、图式等。

1. 基本范畴

客观事物纷繁复杂，人们为了记忆这些事物就必须对它们进行判断、分类和储存，这就构成了许多范畴。在同一范畴中并不是所有事物都处于同一层面或地位，总有一些事物被人类非常容易且迅速地感知，那么这一层感知的范畴就叫基本范畴。基本范畴有如下几个特点：①其成员具有明显的能被感知的对外区别性特征。②具有快速被识别的特征。③首先被认识、命名、掌握和记忆。④运用最简洁的、使用频率最高的中性词。[①] 词汇教学应注意把基本范畴词汇讲授放在词汇教学的首位，然后再讲其他范畴层次的词汇。在学生掌握经常作为词典定义词语的基本范畴词以后，再学习掌握其他范畴的词汇会取得事半功倍的效果。

2. 隐喻

美国语言学家莱考夫和哲学家约翰逊认为，隐喻不仅是一种语言现象和语言的修辞手段，而且是一种思维方式和隐喻概念体系，是人们用一种事物来认识、理解、思考和表达另一种事物的认知思维方式。人类思维的基本特征就是隐喻，人们的概念系统在很大程度上也是以隐喻的方式构建的。词语的隐喻意义有两种：一种是在生活中顺应需要而灵活运用产生的，另一种是在语言中已被人们接受的约定俗成的隐喻意义。在词汇教学中，提高隐喻思维有助于学生通过英语语言的表层形式体会异语民族的思维特点和概念模式，将某些看似互不关联的词语与其反映的底层概念结构联系起来，最终掌握语言形式背后的那些概念。

[①] 赵艳芳. 认知语言学概论 [M]. 上海：上海外语教育出版社，2001.

3. 图式理论

所谓"图式"是指每个人过去获得的知识在头脑中储存的方式，是大脑对过去经验的反映或积极组织，是被学习者储存在记忆中的信息对新信息起作用，并将这些新信息加工转存到大脑的过程。图式是一种储存于大脑的抽象的包含空当的知识结构，每个组成成分构成一个空当，当图式的空当被学习者新接收的具体信息填充时，图式便得到了实现或激活。

阅读图式可分为语言图式、内容图式和形式图式。而听力理解同样具有这三方面的图式，形式图式包括语篇图式，这就要求老师不仅要帮助学生扫清语言障碍，更要让学生懂得不同文章的语篇结构和类型。内容图式则要求老师在选择阅读材料时一定要有针对性和目的性。从实质上讲，阅读教学就是要平衡阅读材料所要求的内容图式与学生大脑中已存在的相关内容图式之间的关系。

4. 距离相似性

距离相似性其基本含义是概念距离越小语言形式上的距离也就更为接近。其认知基础是邻近的概念与相关的思想较为容易被激活。距离相似性原则对英语学习有着重要的实践意义，它不仅可以帮助学习者理解一些语法知识，还可以指导学习者更得体、礼貌地使用语言，从而达到运用英语交际的终端目的。

自从瑞士语言学家索绪尔提出语言符号任意性原则以来，任意性一直被认为是人类语言的本质特征之一。近几十年以来，随着认知语言学的发展，语言符号任意性原则受到了广泛的批判，与之相对的语言相似性开始受到了国内外学者的普遍关注，成为新的研究热点。在国内，不少学者致力于相似性的研究，如沈家煊、杜文礼、王寅等，其中王寅将其定义为"语言符号在音、形或结构上与其所指之间存在映照性相似的现象"。① 总之，语言的相似性是相对于语言的任意性而言的，它是说语言的能指和所指之间，也即语言的形式和内容之间有必然的联系，即两者之间的关系是可论证的、是有理有据的。

学者对语言符号相似性的研究由来已久，最早是哲学家和符号学家感兴趣的问题。美国哲学家皮尔斯提出了符号三分法，即将符号分成相似符（icon）、标志符（index）和象征符（symbol），对相似性的研究作出了重大贡献。② 而功能主义语言学家海曼则对语言符号相似性做了更为系统、详尽的研究。他把语言结构的相似性分成了两大类：成分相似与关系相似。前者指语言成分与人类的经验成分相似，换言之，就是形式与意义相对应；后者指语言结构内部不同成分之间的关系与人类经验结构成分之间的关系相对应。他还对后一种相似现象做了进一步的分类，如距离相似性、数量相似性、顺序相似性、标记相似性、话题相似性和句式相似性等。我国学者王寅将距离相似性定义为：语符距离相似于概念距离。概念距离相近，同属一个义群或语义场，或叙述一致性较高的信息，在思维时就容易将它们放在一起思考，它们共现的可能性就较大，表达时语符间的距离也往往靠得近。语符距离近了，则其所表示的概念距离也就近了。③

学习英语不但要学习语言知识，还要学习怎么使用这门语言达到交流和交际的目的。因此，通过分析英语语言交际中所体现的距离相似性，从而来探讨其对语言交际的重要原则——得体性与礼貌程度所产生的影响。

---

① 王寅.现代形式逻辑入门[M].重庆：重庆大学出版社,2023.
② 忻榕,（美）琼·皮尔斯.认识组织行为[M].北京：机械工业出版社,2020.
③ 王寅.现代形式逻辑入门[M].重庆：重庆大学出版社,2023.

（1）语言得体性与礼貌原则。

语言的得体性（Appropriateness）是"一种社会群体的文化心理的价值评价"[①]，是交际中必须遵守的最高原则。语言的得体性中体现着距离相似性，说话人越客气，使用的语言结构越复杂，信息量越大，说话人和听话人之间的社会距离也就越大。例如，"Open the window."和"Could you possibly open the window?"表达同样的基本意义，但是后者较之前者结构要复杂，所包含的信息量也要大些，多用于关系不是很密切的人之间，而前一句则用于朋友或非常熟悉的人之间。除非要表达一些特殊含义，否则这样用才是符合语境需要的，也才是得体的。

（2）距离相似性对得体性和礼貌程度的影响。

距离相似性原则体现在英语的许多表达之中，首先来看一下词与词或词素位置的不同所产生的不同意义效果。例如：

Only I want two Apples.

I only want two Apples.

I want only two Apples.

三个句中的 only 位置不同，表达了不同的意义，这完全是由 only 与其相邻修饰词的关系决定的。第一句是说"我要（不是别人）"，第二句是说"仅要（不含其他想法）"，第三句是说"仅两个（不是更多）"。

根据距离相似性原则我们知道认知或概念上相接近的实体，其语言形式在时间和空间上也相接近，就是说概念之间的距离跟语言成分之间的距离相对应。从这一概念出发，我们可以更进一步探讨日常会话中的语用规则。如一条普遍的语用规则：客气意味着距离。说话者越客气，则使用的语言单位

---

① 王希杰. 修辞学通论 [M]. 南京：南京大学出版社，1996.

更多，信息越多，社会距离就越大①。此外生活中我们使用模糊限制语，这一语言现象与距离相似性有着密切关系。使用模糊限制语之后，语言单位要变长，话语信息量要变大，无形中体现出了交际双方的距离。例如：

Your price is too high for us to accept.

I'm afraid your price is somewhat on the high side.

日常购物"砍价"时，可以使用第一句，即使交易不成功，也不会带来太严重的后果。但如果是在商务交易中，这种说法就不合适了，如果能够很好地使用模糊限制语，可能会带来意想不到的结果。对比以上两个例句，不难发现模糊限制语"I'm afraid"和"somewhat"在此种语境下的使用就使话语礼貌得体很多，在体现出双方距离的同时也减少了双方在感情上的对立，很好地缓和了交易争执中的紧张气氛，使交易更容易成功。

另外，委婉语当中也体现着距离相似性。一般而言，委婉语都比直接表达要复杂些。其实，冗长只是一种掩饰的象征，使用委婉语的真正动因在于用某种原因使听话人远离事实。

通过语言手段表达的礼貌自然同句式有密切的关系。不同的语言表达方式会体现出不同的礼貌程度差异②。如果不考虑语境的作用，只是从语言形式本身来判定礼貌的程度，那么语言符号增多，社会距离增大，话语的礼貌程度越高。例如：

① Will you please close the door?

② Won't you close the door?

③ Close the door, if you please.

---

① 杜文礼. 语言的象似性探微 [J]. 外国语文, 1996(1): 60-65.

② 何自然. 社会语用问题 [J]. 学术研究, 1997(6): 70-75.

④ I would like you to close the door.

⑤ Would it be too much to ask you to close the door?

以上①到⑤都是表达 close the door 的意思。①到③的语符单位都小于④和⑤。凭直觉可以看出，从①到⑤语言结构越长，信息量越多，社会距离也越大，故话语越礼貌。

然而在语言的具体使用过程中，要充分考虑交际的生成语境。关系越密切，社会距离越小，话语越简短。距离的相似性揭示了人类的普遍认知规律和语言内部结构之间的关系。

（二）建构主义理论

建构主义是20世纪90年代以来一种非常有影响的学术思想，被誉为"当代教育心理学中的一场革命"。[①] 该理论认为外部世界是客观存在的，但是对于世界的理解以及赋予它的意义却是由个体自己决定的，个体会以自己原有的知识经验来构建它或者说解释它，由于每个个体的原有知识经验存在差异，因此各自所构建的世界也是不同的。建构主义强调的是个体从自身经验背景出发对客观事物的主观理解和意义建构，重视学习过程而反对现成知识的简单传授。

1. 社会建构主义

个人建构主义认为，个体一出生便开始积极地从自身经验中建构个人意义，即建立他自己对世界的理解。其代表人物皮亚杰把心灵的发展看作是已有知识和当前经验不断达到平衡的过程，伴随这一过程的是同化和顺应。这一理论强调"个人"的发展和经验，忽视干预和直接教育的作用，忽视"社

---

① 黄大庆.教育心理学[M].北京：首都经济贸易大学出版社,2020.

会"环境的作用，因此具有局限性。本书所建立的理解教学过程的基础是社会建构主义模式。这一模式的要义是知识不是通过教师传授得到的，而是学习者在一定的情境即社会文化背景下，借助其他人（教师和学习伙伴）的帮助，利用必要的学习资料，通过意义建构的方式而获得的。该理论认为"情境""协作""会话""意义建构"是学习环境的四大要素。"情境"：学习环境中的情境必须有利于学生对所学内容的意义建构。"协作"：协作发生在学习过程的始终。"会话"：学习小组成员之间必须通过会话商讨来完成规定的学习任务；会话是达到意义建构的重要手段之一。"意义建构"：这是整个学习过程的最终目标。所要建构的意义是指事物的性质、规律以及事物之间的内在联系。建构主义指导下的教学应是以学生为中心，在整个教学过程中教师扮演组织者、指导者、帮助者和促进者，教师利用情境、协作、会话等学习环境要素充分发挥学生的主动性、积极性和首创精神，最终达到使学生有效地实现对当前所学知识的意义建构的目的。

2. 最近发展区理论

苏联心理学家维果茨基心理学的一个中心概念是"中介作用"，它是指儿童身边对他有重要意义的人在他认知发展过程中所起的作用。有效学习的关键在于儿童和中介人（父母、老师、同伴）之间的交往互动的质量。他的另一个重要贡献是最近发展区理论。最近发展区是指比儿童现有知识技能略高出一个层次，经他人协助后可达到的水平。儿童与成人或能力强于他的同伴交往是他进入下一个发展区的最好办法。这提供了一种积极信息，即学生在某学习阶段遇到障碍时经过教师的帮助可以越过障碍达到一个新的学习阶段。

建构主义提倡的主要教学方法为随机进入教学、支架式教学、抛锚式教学。随机进入教学是指学习者可以随意通过不同途径、不同方式进入同样教学内容的学习,从而获得对同一事物或同一问题的多方面的认识与理解。支架式教学是指教学应当为学习者建构对知识的理解提供一种概念框架,这种框架中的概念是为发展学习者对问题的进一步理解所需要的。因此,事先应该把复杂的学习任务加以分解,以便于把学习者的理解逐步引向深入。支架式教学由搭脚手架、进入情境、独立探索、协作学习、效果评价几个环节组成。抛锚式教学也称为"实例式教学"或"给予问题的教学",形象地被比喻为"像轮船被锚固定一样",指以具有感染力和代表性的实例(案例)使学生对事物的性质、规律及与其他事物的联系达到深刻的理解。抛锚式教学有创设情境、确定问题(在创设的情境下,选择出与当前学习主题密切相关的真实性事件或问题作为学习的中心内容,选出的事件或问题就是"锚",这一环节的作用就是"抛锚")、随机进入学习思维发展训练、小组协助学习、学习效果评价几个环节。

(三)输入假设理论

20世纪80年代美国语言学家克拉申提出了"输入假设理论"。这个理论由五个相互连接的"假设"组成:输入假设;习得/学习假设;监控假设;自然顺序假设;情感过滤假设。克拉申认为,人类只通过一种方式获得语言,那就是对信息的理解,通过吸收可理解的输入信息来获取语言知识。只要学习者听到有意义的语言信息并设法对其进行理解,就会产生语言习得的效果。学习者所接受的输入语言必须满足下面三个条件,语言习得才可能发生:①可理解的输入,②包含已知的语言成分,③包含略高于已知的语言水平的成分。只有当习得者接触到可理解的语言输入,即略高于他现有语言水平的第二语言输入,而他又能把注意力集中于意义或信息的理解,而不是对形式的理解，才能产生习得。如果现有语言水平为 i，能促进他习得的是 i+1 的输入。

互动假说是迈克尔·朗在克拉申提出的输入假设理论基础上提出的，并被广泛认为是输入假设理论的扩展和延伸。该理论关注这些输入如何变得可理解，即交际双方为交流能顺利进行而进行的交互调整，语言输入在互动中通过澄清请求、理解检查、重复证实，其理解性会增强，语言输入也会更加成功。这一理论也为讨论式教学、课堂交际活动提供了理论支持。在课堂教学中要使学生获得更多的可理解性语言输入，就必须尽可能多地创造出为实现交际目的而使用语言的机会，以便让学生接触到更多可听懂的语言输入。

第五节 高职大学英语教学改革的新要求和新形势

英语作为国际通用语言，其重要性不言而喻。而目前的英语教学体系存在着种种弊端，只有对其进行改革才能有效地促进英语教学质量的提高。因此，本节以我国教学改革的新形势为依托，对高职大学英语教学改革提出一些新要求，以期为之后的大学英语教学改革提供一定的思想理论指导。

一、着眼于全人发展，以人为本

英语教学的首要定位就是人的教育，而大学英语教学的首要要求也应当是人本主义。教师要时刻以学生为中心，充分发挥学生的主体作用，注重学生的全面发展，使他们具备持续学习的能力，从而为终身学习打下良好的基础。因此，当代英语教学要求学校和教师要着眼于学生的全面发展。要促进学生的全面发展，仅靠帮助学生掌握英语知识是远远不够的，还需要注意培养学生的社会责任感、积极的情感等，因为，这些因素对学生的英语学习也有重要的影响。这就要求教师在英语教学中尊重学生，做到以人为本。具体来说，主要从以下几个方面着手。

（一）承认学生之间的差异性

我们必须承认，学生之间是存在差异的，每个学生都有其独特的个性。学生的类型不同，其学习特点也存在差异，面对这些差异，教师应该为他们提供与他们实际学习需求相符的学习指导，同时也为他们提供平等的学习机会。可见，教师在教学中应该具体问题具体分析，做到因材施教。例如，有的学生擅长口头表达，有的学生则擅长书面表达；男生比较倾向于阅读思考，而女生则倾向于记忆单词、掌握规则。因此，一名优秀的英语教师应该在教学中根据学生的具体类型和特点进行具体的指导。

（二）相信学生的潜在能力

教师应该坚信，每一个学生都具有极大的学习潜能，每一位学生也都有其独特、丰富的内心世界。尤其是在科技与网络高度发达的今天，学生在很多方面都比以往更独立，在许多问题上的思考也非常独特。因此，教师应该多与学生沟通、交流，使学生能够将教师视为朋友。同时，教师在与学生平等相处的基础上，不断获取学生的想法，进而改进自己的教学，为学生提供更加充足的发展潜能的机会。这样，英语教学也会卓有成效。

（三）发挥学生的主体作用

学生主体是指自主地、能动地参与教学活动的学生个体。在英语教学中，教师要尽量做到为每个学生创造良好的教学环境，确保每个学生能够参与教学活动，让学生在教学活动中不断地培养和发展自身的自主性、能动性和创造性。

（四）营造和谐的课堂氛围

要顺利地实施情感教学，营造和谐的课堂氛围是较为关键的层面。课堂教学实际上是交际的过程，如果课堂气氛和谐，交际就会有效；如果课堂气氛不和谐，交际就会无效。从某种程度上来说，营造和谐的课堂交际氛围比使用好的教学方法更重要。营造和谐的课堂氛围有赖于以下三个因素：

1. 提倡宽容的态度

英语毕竟是一门外语，不是母语，我们使用母语都会犯错，在学习英语时犯错更是在所难免。长期以来，教师在教学中过于强调语言的精确性，学生只要犯一丁点儿的错误都会被教师打断并更正。久而久之，学生便产生了挫败感与畏难情绪，甚至出现了"谈英语色变"的情况，对英语学习提不起任何兴趣，那么英语课堂氛围沉闷也就可想而知了。

改革背景下的大学英语教学提倡教师对学生要持宽容态度，即教师应该引导学生多运用英语，不必有错必纠。

此外，在英语课堂教学中，教师还需要正确处理学生的突发情况。例如，碰到学生上课打瞌睡，不应当立刻严肃地训斥学生，而应当本着以人为本的态度关心学生。这样，学生对教师心存感激，自然也就会努力地投入英语学习当中。

2. 改善师生关系

要营造和谐的课堂气氛，教师要热爱自己的学生，给学生创造更多平等的机会。教师要坚持人本主义的思想，改变教学重教师而轻学生的传统观念，重新审视师生关系。在具体的教学过程中，教师还要为学生提供充足的学习空间，让不同类型、不同水平的学生都能够在学习过程中获得乐趣、成就感和满足感。当学生们感受到成功时，自己对这门功课的兴趣和积极性就会不断提高，这也必然会推动教学质量的提高。

3. 注重情感交流

教师对学生能力的信心在一定程度上直接影响着学生学习的效果。因此，在英语课堂上，教师自身应该始终保持高昂的、乐观向上的精神状态，对学生要倾注所有的热情，并用这种态度将学生的积极情感调动起来。同时，教师要对学生充满信心，多表扬与鼓励学生，提高他们英语学习的积极性与主动性。

二、注重培养学生的综合语言运用能力

英语教学要注重培养学生运用语言的综合能力，这也是英语教学的目标所在。要培养学生语言的综合运用能力，教师需要深刻认识以下三点：

（一）语言技能的掌握是学习语言的主要目的

语言技能包括听、说、读、写、译五个方面的基本技能。如前所述，听、说是语言的输入，侧重知识的吸收；读、写是语言的输出，侧重知识的表达；翻译既有输入也有输出。学生在交际过程中通过吸收和表达知识信息，不断地提高语言运用的能力。因此，在英语教学中，教师要引导学生通过大量的听、说、读、写、译的实践，提高学生综合运用英语的能力。可以说，在英语教学中，听、说、读、写、译不仅是学习英语的目的还是学习英语的手段。

（二）必要的语法基础知识的学习有助于英语学习

学习必要的语法基础知识是形成能力的基础，有利于辅助英语学习。虽然我们反对英语课一直围绕语法教学进行，将英语课上成语法课，但是这并不意味着我们就不需要学习语法了。相反，学习语法基础知识是非常有必要的，这是因为语法的基础知识不仅是构成语言能力的重要组成部分，还是培养和发展语言技能的重要方面。

需要注意的是，学习必要的语法基础知识也并不意味着把学习语法基础知识作为课堂教学的唯一目的，也就是说，绝对不能把英语课当成是语法知识课来上。因为语法知识学习最终的落脚点就是实际的综合运用，只有在学习基本语法知识的基础上，辅以适当的实践训练，才能真正提高学生的综合语言运用能力。

（三）语言能力的高低与心理因素和学习策略有关

心理因素不仅关系人的发展，还关系英语的学习。学生只有对英语学习抱着积极的态度，自发主动地参与，才能对英语持有无限的热情与动力，才能学好英语。因此，英语教学一定要注重学生的心理因素。

学习动机是学生学习英语的首要心理因素，而对英语学习的态度、兴趣、情绪则是促使学生产生英语学习动机的核心因素。因此，在英语教学中，教师一定要通过培养学生的学习态度、兴趣、情绪来激发学生的动机。

除了激发学生英语学习的动机，教师还要注重指导学生选择正确的英语学习方法与策略。

三、努力提高学生的认识能力

目前，英语教学正在经历由知识型教学向技能型教学转变的过程，也就是说英语教学不仅是让学生获得语言技能，也需要传授相应的语言知识，当然还需要培养并提高学生的认识能力。下文将探讨改革背景下的大学英语教学提高认识能力的意义与途径。

（一）提高学生认识能力的意义

对大学英语教学改革中提高学生认识能力的意义可以从以下两个关系来理解：

1. 母语与英语的关系

我们的知识大都是通过母语获得的。没有学过英语的人，一般会非常娴熟地、得心应手地使用母语，但他们对母语的认识往往是非常有限的。相反，很多学习英语的人都有过这样的体验：人们在学习英语之前，往往对很多母语词汇"只知其然而不知其所以然"，只有当学习了英语之后，他们才能形成对这些母语词语形成理性认识。

由此可见，学习英语不仅是获得知识的手段，也是获得新的认识方式和认识能力的途径。自觉对比教学法，就特别强调通过母语和外语的对比来提高学生的文化素养，发展他们的智力水平，我们不应该用语言而教授语言，而应该超越语言来教授语言，将语言的教育价值在深度和广度上进行挖掘。

2. 语言与思维的关系

文化语言学认为，语言与思维是密切联系的统一整体，作为思维的物质载体，语言是思维得以存在和发展的媒介，语言能力的发展和思维能力的发展应当是相互促进、辩证统一的。

语言是人类文化的一种表现形式，它不但凝结了全部的人类文化成果，还将各个民族的文化（如思维方式、价值观念、审美情趣等）按照一定的结构形式（如词语的概念、组合、排列等）表现出来。通过对英汉词汇语义的对比，我们可以发现，由于英汉两种语言分别产生和发展于不同的社会形态和历史背景，它们的词汇系统很少出现语义一一对应的现象。英汉词义大部分都是不完全对应的，即介于完全对应与无对应之间。例如，英语中的 brother 既可以表示"哥哥"，也可以表示"弟弟"，而英语中的 cousin 一词囊括了旁系亲属同辈的所有男性和女性。相比之下，尽管汉语中有丰富的关于亲属关系的词汇，但是却无法实现与上述英语词汇的完全对应。

以上这种英汉词汇之间存在的差异实际上反映了英汉两个民族在社会背景、历史背景以及思维方式上的差异。例如，在英语国家中，人们认为privacy（个人的隐私）是神圣不可侵犯的，在汉语中它却没有如此的重要。

可见，学习语言不仅是学习词汇与语法，同时，也是学习如何进入一种新的文化视野，经历一种新的思想观念的冲击，进而受到一种不同环境下民族的思维方式的影响。如果英语教师能够对这一层面有着深刻的认识，那么必然会在教学中不断有目的、有计划、有意识地发展学生的认识能力和思维能力，使学生能够不断形成新的认识和感受机制。

（二）提高学生认识能力的途径

要想在英语教学中不断提高学生的认识能力，就必须选择合理的教学途径和方法。具体来说，要做到以下两点：

1. 坚持以话语为中心的教学

英语教学经历了词本位教学（翻译法），到句本位教学（听说法），再到话语本位教学（交际法）的发展历程。

从语言与思维的关系来看，词是概念的表达形式，句子是判断的表现形式，话语是智力本质的推理活动的表现形式。语言与思维应该与话语相统一。侧重翻译的话语本位教学法和侧重听说的句本位教学法都是脱离一定的思维活动的，采用这两种方法的教学会导致学生机械无意识地模仿和重复性的活动，并且无法有效地锻炼学生的智力。在话语本位教学中，话语包含词语与语境之间的衔接连贯等因素，被视为是基本的言语交际单位，更体现语言的整体性及连贯性。

此外，话语分析和篇章语言学的兴起，不仅为话语本位教学提供了一定的理论基础，还为其提供了一些具体的分析方法，并且使教学活动更为科学化和系统化。因此，英语教师不仅要掌握这些理论，还要将这些理论与具体的教学实践联系起来。

2. 坚持"文道统一"原则

众所周知，语言与思想是密不可分的，语言教学应当与思想教育活动统一起来，在教学过程中同时兼顾语言与思想教育两方面的内容，这就是所谓的"文道统一"。

传统的英语教学存在一定的弊端，如注重形式、轻视内容，注重技巧、轻视智能。语言是工具，但语言教育的目的是超越工具这一范畴，其宗旨是达到更高层次的教育目标。而坚持"文道统一"是实现这一教育目标的最好手段。具体来说，教师要做到以下几点：

（1）提高自身的素养。在英语教学中存在着一条普遍的规律称为"自理同构律"，也就是说，教师将希望寄托在学生的每一种素质和能力上，而教师应在教学之前具备这些素质和能力。可见，要想有效地提高学生的认识能力，教师在备课中进行"智力投资"是首先必备的条件，只有首先经历了情感层次的智力体验，才能将这些体验转嫁到学生身上，让学生身临其境。

（2）在阅读教学中，教师应该对文章的整体层次和结构有一个深入的了解和认识，然后引导学生对其中有价值的、富有文化底蕴的内容进行挖掘和探讨，使学生在语言学习的过程中也能感受到真善美，人格也在不断地升华。这样的教学方式不仅提高了学生的认识能力，还提高了学生的人格修养。

四、充分利用多媒体、网络技术

与传统的大学英语教学相比，多媒体、网络教学给学生的英语学习创造了一个完全自由、自主的学习空间，其本身存在着很多的优势。

（1）计算机软件可以为学生提供地道的发音，生动形象地将知识内容呈现给学生，便于学生理解和记忆。

（2）多媒体技术将图、文、影、像等教学资料统一地结合起来，让枯燥的文字充满色彩，这样的方式很容易激发学生的学习兴趣。多媒体、网络技术还突破了时空的局限，学生不必再拘泥于课堂学习，可在任何时间、地点进行自由的学习，这在增加学生学习时间的同时，也激发了学生的学习兴趣。

（3）网络技术为学生提供了充足的、自由的空间，让学生通过网络进行学习。同时，教师也可以通过网络给学生布置任务、评定任务。这在一定程度上减轻了教师和学生的负担，有助于培养学生的自主学习能力。

因此，教师在教学中要充分利用多媒体、网络技术，最大限度地发挥多媒体、网络技术对英语教学的作用。

五、提升学生的文化素养

语言是文化的载体，是反映民族文化的一面镜子，语言与文化具有密不可分的关系。我们学习英语，不仅仅是学习英语这一门语言，还要学习英语背后所蕴含的丰富文化。

经济、技术、信息的交往和商品、资本、人员的流动使世界各国的文化突破了特定的地域环境和社会语境，融入全球性互动的文化网络之中。多元文化已成为文化的基本格局。在这样的时代背景下，文化素质的培养毫无疑问成为大学英语教学的重要内容。

文化教学能够提升学生的国际理解力和竞争力，帮助他们用全面的眼光和角度来审视和认识本国与他国文化,从而积极有效地促进国家间的交流与合作。同时,文化教学还能帮助学生对本国文化产生更深刻的认识,增强他们的民族自尊心与自豪感,使其在跨文化交际中把我们优秀的文化传统在国外发扬光大,为世界文化的繁荣贡献自己的力量。

六、评估方法多元化

教学目标是否实现要依靠教学评估来检验,因此,评估是大学英语教学的一个重要方面。

多年以来,大学英语教学采取单一、机械、落后的评估方式,忽视了英语教师对自己的教学和学生对教师的教学的评估,忽视了学生的自我评估和小组评估,过分夸大了评估的选拔作用而忽视了其反馈功能,不利于发展学生的合作精神,也不利于建立和谐的师生关系。

时代的进步对教学评估方式提出了新的要求,如测试中的客观题减少,主观题增加;终结性评估不再"独霸天下",增加形成性评估权重等。随着人们对教学评估改革意识的增强,依赖网络而实现的评估方式也逐渐发展起来。这些评估方式大多具有开放性、形成性和多维性的特点。例如,允许学生多次考试,让他们看到自己的进步和成功,尊重每位学生的学习速度、学习阶段和自我感受,让他们为完成学习任务而学习,而不是单纯为了应付考试。

第六节　高职英语教学改革的理念与方向

一、高职英语教学改革的理念

（一）教学改革要"以人为本"

美国心理学家罗杰斯主张，教学要以人为出发点和归宿，教学的目标在于培养能够适应变化和知道如何学习的、有独特的人格特征而又充分发展的人，强调学生个性与创造性的发展。他提出了"以学生为中心"的教学模式和以教会学生学习为主的教学方法论。教育教学过程应根据未来社会对人的整体素质结构的要求以及人的个性特征，在学生培养与发展过程中进行有机整合，形成合理的素质结构，使之既能适应未来社会对学生整体素质结构的要求，又能满足学生个性发展的需要。

"以人为本"就是坚持人的自然属性、社会属性的辩证统一。在教学中坚持"以人为本"，就是把培养社会所要求的、具有全面素质的人放在一切教育活动的中心。教育的核心是人的本性的发展，是以人为对象的活动。未来教育的显著特征之一就是发展学生的主体性、主动性，促进学生素质的全面提高。

高职英语是一门综合教育课程，旨在打好学生的语言基础，培养学生用英语交际的能力，满足社会对新型人才的需求。"以人为本"的英语教学改革的重点就是改变学生的学习方式。在教学活动中，应以学生为中心，让学生全面参与、积极思考、自主学习，培养学生的自我意识、竞争意识和创新意识。

（二）加强人文通识教育

我国的高等职业教育在飞速发展过程中出现了一些亟须解决的问题，学生人文精神的缺失就是较为突出的问题之一。教育工作者应尽自己所能为改变这一现状做出努力。人文通识教育是通识教育的重要组成部分，而英语教学又是对学生进行人文通识教育的重要途径。高职英语课程已不只是单纯的语言技能课程，而是对学生进行人文通识教育的有效载体。

以英语课程为切入点对学生进行人文通识教育，并以课堂这一教学主阵地为依托，将良好的道德品质教育融入课程教学之中，将课程内涵从单纯的知识层面扩展到知识中蕴含的智慧，合理调整课程的教学内容，在教学过程中融合各种教学方法，积极利用各种新的现代化教学工具，对人才的培养目标重新定位，提出以实施通识教育为理念、以培养学生的人文精神为教育目标的课程框架十分必要。

（三）突出"能力本位"

高职英语教学改革要改变传统的教学方法，提高教学质量，这需要突出"能力本位"理念，使高职英语教学从单纯地传授知识转变为培养学生的综合应用能力。为此，必须在课型转变、教学内容转变、考核体系和方法转变等一系列问题上进行全面变革。能力本位的价值取向，与"双证制"或"多证制"的要求在本质上是一致的，并直接影响到学生将来的就业。高职英语教学过程中突出"能力本位"，以培养学生实际运用语言的能力为目的，在强化教学的实用性和针对性的过程中，提高学生适应职业岗位的职业能力，满足学生就业和社会用人的双向需求，这是高职英语教师今后教改的主要任务和努力方向。

（四）服务于学生终身发展

高职英语在强调"实用为主""够用为度"的同时，还要兼顾学生的综合素质培养和可持续发展。社会经济发展迅速，经济结构变化对人才素质的要求在变化，对英语能力的要求也在变化。高职院校英语教学改革应充分考虑这一点，构建英语学习资源库，培养学生自主学习能力，为学生营造英语学习氛围，为他们的终身学习和可持续发展提供条件。

终身学习是终身教育和社会化学习相结合的产物，是 21 世纪最重要的学习理念之一。《高职高专教育英语课程教学基本要求》提出了高职英语教学改革是向以培养学生终身学习能力为主的终身教育的转变。高职英语教学应在培养学生自主学习能力的同时，充分重视学生协作学习能力和创新学习能力的培养。高职英语教学改革的最终目标不仅是培养学生语言实际应用能力和自主学习能力，更关注培养学生终身学习能力。

（五）融入职业教育理念

姜大源教授在总结世界职业教育三十年的发展历程后认为，工作过程是职业教育课程实践与理论整合的依据，职业教育的课程应该从工作岗位、工作任务出发。[①] 马树超教授也指出，中国特色的高职教育必须融入产业、行业、企业、职业和实践要素。[②] 因此，无论从学术角度还是行政角度来看，职业性都代表着高职教育改革的方向。作为职业教育重要基础课程的公共英语，必须摆脱本科公共英语学科知识结构的影响，顺应基于职业教育理念的高职公共英语教学改革的潮流。

高职英语教学应从教学目标、课程设置、教学模式、教学评估、教学管

---

① 姜大源.职业教育学研究新论[M].北京：教育科学出版社，2007.
② 马树超.马树超论职业教育发展[M].上海：华东师范大学出版社，2019.

理、教学环境、教学材料和改革效果等方面开展基于职业教育理念的高职英语教学改革。近几年为反映社会发展对英语的新要求，适应我国高职教育发展的新形势，已经有很多高职院校陆续开展了自下而上的英语教学改革，在继承英语学科教学理论的同时，逐渐融入职业教育的理念，取得了明显的改革效果。

二、高职英语教学改革的方法与策略

（一）转变教学观念，强化改革意识

高职教育改革的方向之一就是由应试教育向素质教育转轨。目前高职教育的主要目标和任务应该是让受教育者学会生活、学会学习、学会工作、学会创造，因为，这是未来人所应具有的最基本、最重要的品质。学校要充分认识教学改革的重要性和必要性，积极支持教师进行教学改革，加大校本研训力度，重视教师的继续教育工作，想方设法为教师进行教学改革创造有利条件。

教师是实施课程改革的关键。新型的教学活动不再是教师单纯地向学生灌输知识、学生被动学习的过程，而是师生之间交往沟通的互动过程。教师与学生的关系应是民主平等的和谐互动关系，教师要与学生平等对话，真诚交往，共同探求知识，交流心得体会，促进学生自主学习。教师应该把传统教学与新课改有机地结合起来，要给学生足够的思考空间，鼓励学生自主探究、合作学习。

（二）加强校本培训，提高教师素养

良好的师资队伍是高质量教学效果的保证。高职英语教师队伍建设可从四个方面着手：第一，英语教师应结合所教的专业主动拓宽自己的背景知识，

了解该专业工作场所对英语的需求。第二，学校应鼓励英语教师到行业、企业走访、学习和兼职，了解工作环境中英语运用的真实状况以及社会对毕业生素质能力的要求，根据调研得出的岗位需求有针对性地调整课程结构和内容。第三，引进具有实践能力和较高理论水平的高素质人才来充实英语教师队伍，完善师资结构。第四，聘请企事业单位英语水平较高的专家担任兼职教师，以便学生及时掌握行业企业发展所需的最新知识。

教师是课程改革的实施者，教师的教学素养直接影响到课程教学的实施质量。课改成功的关键在于教师，要使教师能很好地适应新的课程体系，关键要转变教师的教育观念，更新教师的知识结构，完善教师的教学行为。学校应结合校本培训，继续加强对教师的专业理论培训，积极为教师提供多种学习、培训的机会。为了更好地推进英语的教改，提高教师的自身水平刻不容缓。第一，应注重教师的精神素质提升。教师要有乐教精神、敬业精神及良好的个性品质；教师的言行举止要大方从容，要胸怀宽广，能虚心听取他人意见。第二，注重教师的专业素质提升。教师应具备扎实的专业知识和广博丰富的社会知识。第三，注重教师的语言素质提升。教师语言表达能力的高低直接影响着教学的效果和质量。教师的语气、语速、音量、音质等都直接影响着口语表达效果。因此，教师应在语言表达上下功夫。第四，注重教师的情谊素质提升。教师应不断了解、研究新时期学生的各种知识需要和情感需要，并科学对待，正确引导。教师还应努力培养高尚的师爱，只有以心换心、以情激情，才能赢得学生的信任和喜爱，学生才会乐于参加教师组织的各项活动。

（三）改善学校的软硬件设施，提升教学质量

很多高职院校面临软硬件设施严重不足的状况，改善学校的软硬件设施，

就要加大投入，以确保课程改革的全面实施。随着科技的不断发展，网络信息越来越受到人们的青睐，应加快学校信息化网络建设，丰富课程资源，拓展资源库容量，以教育的信息化带动教育的现代化，为课程改革的顺利实施提供信息资源和技术方面的保证。

学校应加强教学流程管理，提高教学质量。学校课程改革领导小组成员要经常深入课堂，了解教师们在课改中存在的问题，及时组织相关人员对这些问题进行研究；同时，针对课程实施中出现的新情况，进一步完善原有的教育教学常规制度，细化各岗位职责，注重管理的实效。

（四）明确教改要求，优化教学内容和过程

为了明确改革的方向，对高职英语的性质、地位、作用要进一步统一认识，对英语教学中存在的问题应进行从现象到本质的深入剖析。

首先是调整教学内容。高职院校应结合社会对英语人才的实际需求，因地制宜地加大校本课程的开发力度。改变教学内容"繁、难、偏、旧"和过于注重书本知识的现状，加强课程内容与学生生活、现代社会和科技发展的联系，关注学生的学习兴趣和经验，促使学生把知识转化为能力。

其次是改革教学过程。在课堂教学中，学生的学习过程是一个有意识的心理过程。教师作为课堂教学的主导，就要适应学生的心理，使教学符合学生的认知规律和情感需求，达到教学过程的优化。一是优化师生关系。教学要使受教育者"学会学习"，而"学会学习"的能力，只有通过学习者不断实践才能获得。二是优化教学方法，这是优化教学过程的关键。要教学生"学会学习"，就是要让学生自己掌握学习的方法，成为学习的主人。学会学习，从本质上讲就是要使学生形成不断发现问题、提出问题、解决问题的能力和习惯。这种能力和习惯是需要学习者经过反复实践才能养成的，这种实践也

是一个多层次的渐进的过程。

高职教育以就业为导向，高职英语教学改革应构建以就业为导向的模块化教学内容体系，即英语基础知识整理和巩固模块、求职就业模块、专门用途英语模块。英语基础知识整理和巩固模块，主要是对学生已有的英语知识进行整理和巩固，加强应用能力培养，为就业、求职甚至专门用途英语的学习做好铺垫；求职就业模块，重点培养学生在就业和求职方面的口头交际能力和书面表达能力，使其具备必要的职场英语能力；专门用途英语模块，在高年级阶段开设，结合专业的需求，做到学以致用，学用结合，真正体现高职英语的职业性。

（五）适应职场需求，突出实践教学

高职英语教学要改变传统的教学模式，适应不同专业学生的个性化学习，加强教学互动性。针对不同专业的学生特点以及未来的岗位需求实施任务教学，采用任务引领、头脑风暴、思维导图、教学引导和项目教学等行动导向教学法。比如，将每节课的教学目标分解为一个个小项目，项目中的主题与即将面对的职场活动息息相关，让学生在真实的环境中获取和应用英语知识，有效地锻炼其学习技能、合作能力和工作技能，从而激发学生英语学习的兴趣。

实现课内外教学相结合，充分开展英语第二课堂活动。简单的高职英语课堂教学已满足不了学生英语学习的需求，对学生的英语教学要转变为以学习兴趣培养和学习方法引导为主的教学，实现课内外教学相结合，充分开展英语第二课堂活动。比如，定期开展英语角活动、组织参加各类英语竞赛、开展英语话剧表演、欣赏英语电影、学唱英语歌曲、举办英语化装舞会、开展各类英语学习的培训课程或系列讲座等。

发挥高职院校实训基地的作用，加强学生职场英语技能训练。目前，高职院校开辟了大量的校内外实训基地，这些实训基地可以培养学生的专业素质，让学生掌握综合实用的专业知识和技能，培养学生处理信息、制订计划、小组协作、与人沟通等关键能力。同时，能够帮助学生感受企业文化氛围，在职业环境中培养职业道德。此外，还应该充分挖掘实训基地的其他功能，结合真实或仿真的职业环境积极开展英语教学活动，使学生的专业能力和英语应用能力综合发展，形成综合职业能力，以适应职场发展需要。

第二章 高职英语教学模式、教学方法和教学手段

第一节 高职英语教学模式及其发展历程

关于教学模式的内涵有多种不同表述方式，1990年出版的《教育大辞典》把"教学模式"定义为："反映特定教学理论逻辑轮廓的、为保持某种教学任务相对稳定而具体的教学活动结构。"[1] 在国内，有学者将教学模式等同于教学结构，认为它是在一定的教学思想指导下建立的比较典型和比较稳定的教学程式；也有学者认为，教学模式就是教学过程的模式，或是一种有关教学程序的策略体系、教学式样，即根据客观的教学规律和一定的教学指导思想而形成的整个教学过程中必须遵循的比较稳定的教学程序及其实施方法的策略体系。

戴炜栋等学者在结合外语教学特点的基础上提出："教学模式是指在一定的教育思想、教学理论和学习理论指导下，在某种环境中展开的教学活动过程的稳定结构形式。"[2] 人们对教学模式概念认识的分歧，说明对教学模式的实质和定位等基本理论问题还有待进一步深入研究。

尽管许多学者对教学模式的观点不尽相同，但无外乎从不同视角对教学模式的以下三个基本属性进行研讨：①教学模式是在一定的教育思想、教学

---

[1] 教育大辞典编纂委员会编.教育大辞典 第7卷[M].上海：上海教育出版社，1990.

[2] 戴炜栋主编.什么是语言学[M].上海：上海外语教育出版社，2012.

理论和学习理论指导下，按照一定的教学任务、目标与要求建立起来的。②教学模式是指为实现某种教学任务、目标和要求所展开的具体教学活动。③教学模式是指它所涉及的教师、学生、教材、教学媒体等要素在教学活动过程中呈现的一种稳定结构形式。

自从1958年美国沃斯顿研究中心设计了世界上第一个计算机教学系统以来，计算机技术应用于教育的历史已有七十多年，随着以数字化音频和全球性网络为标志的信息时代的开始，多媒体网络技术发展迅猛，其应用遍及各个领域，外语教学同其他领域一样也受益匪浅。与2004年之前的《大学英语教学大纲》相比，《高职高专教育英语课程教学基本要求》对于教学模式有了系统性的要求和规定，因为，网络环境下高职英语课程教学中的学习者、教师、学习内容等核心要素呈现出全新特征，被赋予了新的内涵，因此，传统的以教师为中心的知识传授教学正逐步转向新的以学生为中心的综合应用能力教学模式。2007年，《高职高专教育英语课程教学基本要求》指出，教学模式改革的目的之一是"促进学生个性化学习方法的形成和学生自主学习能力的发展。新教学模式应能使学生选择适合自己需要的材料和方法进行学习，获得学习策略的指导，逐步提高其自主学习的能力"。从我国各版本高职英语教学大纲中对教学模式的表述，就可以看出我国外语教学模式改革的发展历程和全新走向。

一、高职英语教学模式的发展历程

1986年，《大学英语教学大纲（文理科本科用）》和1999年《大学英语教学大纲》（修订本）中并没有对教学模式的专门性表述，而是在高职英语教学中需要注意的几个问题中提到现代化教学手段在外语教学中的应用。

到 2004 年推行的《大学英语课程教学要求（试行）》中才开始对高职英语教学模式做出具有针对性和系统性的表述。

随着高新技术的发展，以教师为中心的知识传授教学转向以学生为中心的综合应用能力教学模式成为信息技术飞速发展的必然结果。1986 年，《大学英语教学大纲（文理科本科用）》中虽然认识到现代科技的发展对于英语教学的影响，但是在教学实践中仍然采取以教师讲授为主的教学模式。

由于长期受到以"读"为中心、以语言知识讲授为主的传统教学模式的影响，综合英语课程在某种程度上制约了学生将语言知识转化为语言交际能力，限制了学生综合语言能力的提升。在教学中采取以教师为中心的教学模式，强调理论知识的讲授，忽视实践体验的重要性，教学方式比较单一，较少考虑学生个体差异和需求，尤其缺乏对学生学习过程的及时评估与反馈。

1999 年的大纲在教学模式方面是对之前大纲的继承和延续，对于现代教学手段的重要性依然没有充分认识，只是将其作为辅助功能，要求各高校加以充分、合理的应用。

随着多媒体网络技术被引进高职英语教学，传统的教学模式面临着极大的冲击。2003 年，教育部正式启动了高职英语教学改革工程，该项目的核心是改革传统的高职英语教学模式，建立基于网络的多媒体教学的新模式。2004 年，《大学英语课程教学要求（试行）》和 2007 年《高职高专教育英语课程教学基本要求》都注重调动教师和学生双方的积极性，特别是确立学生的主体地位。新的教学模式中要处理好学生与教师的关系，学生是教学过程的主体，一切教学活动要围绕学生如何学而展开，教师要做好课程的设计者、任务的设计者、任务实施的组织者等。互联网已经凸显出重要作用，改变了人们获取知识的手段，以其不受时间限制的显著特征，对学校教育产生着巨大的影响。

此番改革强调引入多媒体与网络，倡导学校重新整合计算机硬件设备，形成一个以校园网为基本教学环境的教学网络体系，实现多地点、个性化、自主式教学，保证教学内容的实用性、文化性和趣味性。可将原来教师讲授的内容设计为一个个学习任务，由学生在多媒体的网络环境下主动地、积极地去进行人机交互式学习，在完成这些任务的过程中习得语言、熟谙技能，特别是"听"和句型操练层次"说"的训练。换言之，教学要从原来的重点研究教师如何"教"转到研究学生如何利用网络学习系统自主"学"上来。

二、关于传统外语课堂教学模式的思考

在我国几十年的外语教学中，存在多种外语教学方法和模式，其中广泛采用的是传统的"语法—翻译"教学模式。众所周知，课堂教学模式是课堂教学的组织模式，也是外语教学的主要形式。外语课堂教学区别于其他学科的特点表现在四个方面：①必须通过积累大量的语言材料去激发教学对象的内部兴趣；在事实积累的基础上去掌握大量理论。②必须通过对集体作业和个别作业的安排去组织学生的注意力，即以练习安排作为课题教学的外部手段，学生能否学得起劲，主要看练习安排是否得当。③构成课堂教学的各个环节衔接紧密，有时两个环节要交叉进行，比如讲授新词新音后马上进行初步巩固。④作为进行课堂教学基本媒介的语言受到限制，因为，外语课的教学内容是陌生的外语，一方面工具语言的使用要受到学生对外语理解能力和表达能力的严格限制，另一方面教师也经常因学生有限的目的语能力而不能充分自由地使用工具语言。受到课堂教学自身的限制，我国高职英语教学模式在很长时间里主要是以教师为中心，教师讲课文、讲词汇、讲语法，组织

操练，核对答案。这种传统的教学模式尽管实行的是满堂灌的方式，多少忽视了学习者的能动性和主动性，但依靠教师的丰富经验和个人魅力以及因材施教的小班教学方法，确实培养了一代又一代的外语人才。随着国家和社会对国民外语能力的要求进一步提升，这种教学模式必然面临着极大的挑战。

三、"以教师为中心"的外语教学模式的反思

在我国，外语教学历来主要以课堂形式进行，且课堂教学模式采取的是"教师中心"模式，顾名思义，就是教师作为整个教学过程的中心。因为，在缺乏目的语环境的情况下，外语学习主要在课堂开展。在高职英语课堂上，教师作为中心，讲课文、讲词汇、讲语法，组织操练，核对答案。教师向学生传递大量的知识信息，是知识的传授者、教学的绝对主导者，监控整个教学活动的进程。相对而言，学生是知识传授的对象，是外部刺激的被动接受者，学生始终处于被动接受状态，偶尔对教师的讲授提出疑问。高职英语教学是英语教师的"一言堂"，教学的重心在于语言知识的讲解，教学程式单一，不注重学生学习方法和策略的指导和培训。自高校扩大招生以来，高职英语教学大都采用大班授课，教师数量与学生数量比例悬殊，在课堂上老师问、学生答的情况最为普遍。教师缺乏与学生的交流和互动，无法关注每个学生关于语言知识的实践困惑，致使理论知识与实践环节脱节，使学生丧失了展现个体化理解的时间与空间，这也是大学课堂教学长期以来所忽视的环节。

在传统课堂上，教学媒体是辅助教师授课的演示工具，而教师的教学主要依赖于传统的教学媒体，黑板、教材作为承载教学信息的主要工具，其单一的媒体呈现模式也限制了学生信息量的输入，满足不了信息时代学生对知识的需求。教学媒体主要是辅助教师授课的工具，学生通过教学媒体获得教

师传送的信息和观点，但教学媒体向学生传递的信息有限，主要依赖于教师的讲解，学生几乎无法对教学媒体实现操作与控制。

自《大学英语课程教学要求（试行）》中提出"各高等学校应充分利用多媒体和网络技术，采用新的教学模式，改进原来的以教师讲授为主的单一课堂教学模式"以来，多媒体辅助教学已经陆续进入了高等院校的英语课堂。多媒体网络对英语教学的介入，要求在教学中教师应以多媒体和网络技术为支撑，以现代教学和学习理论为指导，充分利用开放的网络资源和网络交互技术，处理好教师、学生、教学内容和教学媒体的关系。为了更好地实现《大学英语课程教学要求（试行）》中关于教学模式的规定，各高校都大力完善高职英语教学配套设施建设，在教室里配有现代化的多媒体设备，建设校园网向学生提供网络教学平台等。

教师课堂上可用多媒体教学平台，也可链接网络资源或展示教师自制的 Powerpoint（幻灯片）电子课件，但是，此模式仍然是以教师为中心。教师将原来写在黑板上的内容做成了电子幻灯片，作为讲授课程时的一个多媒体演示程序给学生看，而学生还是处于较为被动接受的地位，并没有调动学生主动学习的积极性。与传统教学模式相比，多媒体演示代替了板书，用现成的高职英语教学光盘或网络下载的课件取代了教师的教案，教学内容或许增加了，但是学生的学习方式、教师的教学方式和师生的互动方式却没有多大的改进。

《大学英语课程教学要求（试行）》中虽然就教学模式提出了新的建设思路，但一些老师仍把多媒体教学简单地理解为在传统的教学方法和教学模式中加入多媒体等现代教学技术手段，忽略了对相关现代教育思想理论的学习，只是用新瓶装旧酒，片面追求形式，未能根据新的教学要求去更新教学方法和精心设计多媒体教学手段辅助下的新的教学模式；还有些教师片面认为多媒体教学手段一定优于其他教学方法，从而忽视了对其他教学媒体和方法的运用。

四、传统教学模式的局限

高职英语课堂教学的一般特点与模式仍然是"知识中心"和"讲授中心"，换言之，教师是知识的传授者，学生是知识的接受者。这种以教师为中心的传统教学模式存在着诸多弊端。

传统课堂教学模式无法有效激发学生的学习兴趣和创造性等非智力因素。由于高职英语教学的环境、条件和现状，"以教师为中心"的教学模式依然在不同学段存在，且严重影响了学习者的学习成效。

在高等教育的改革与发展中，大学课堂教学模式的改革一直是一个为人们所关注的问题，因为，大学课堂教学中的理论脱离实践、忽视学生个性、照本宣科式地教教材、人才培养的工具化等老生常谈问题一直悬而未决。这不仅影响着高等教育的教育教学质量，而且也在根本上制约着 21 世纪创新型人才的培养。在"以教师为中心"的教学模式下，学生的语言能力主要通过课堂听写、提问、讲解、举例类推等方式和布置学生完成预习、复习、书面作业等任务得到强化，着重听、读、写、译，兼顾口头表达，不增加或很少增加课本以外的课后练习。高职英语教学采用批量生产的方式，学生遵循一个教学大纲，采用一本教材，接受相同的考核。教学中强调教师和书本的权威性，教师是整个课堂的控制者和操纵者，学生只是被动地接受教师所传授的知识，整个学习过程成为学生对教师所讲知识进行记忆和消化的过程。由于课堂人数众多，课堂上针对语言知识点的实践练习不充分，以教师为中心的课堂英语教学模式注重语言形式的传授,强调对语言规则的解释、理解和操练,忽视了让学生自己到语言实践中通过听、说、读、写等渠道去大量接触、运用和归纳语言规则,这就使课堂教学给学生提供的可理解性语言输入的量不仅十分有限,而且质量也不高。这一教学模式极少关注学生的社会文化背景、知识水平、认知方式、学习需求和能力的差异,加之教学方法呆板、课堂气氛沉闷,导致学生的学习兴趣和动机等非智力因素得不到有效激发。

传统课堂教学模式扼杀了学生的学习自主性。进入21世纪以来,人们越来越关注的是"信息技术迅速发展背景下教育的发展和变革",如何将现代媒体技术应用于教育教学领域,把握现代媒体和外语教学的关系,使现代媒体技术服务于教学成为教育界关注的重点。现代教育技术的发展为学生提供了更为丰富的学习资源,为实现个性化自主学习创造了条件,同时也对学生的学习策略与学习能力提出了新的挑战。

《高职高专教育英语课程教学基本要求》明确规定:"教学模式改革成功的一个重要标志就是学生个性化学习方法的形成和学生自主学习能力的发展。"成功的外语教学应能激发和保持学生的学习兴趣,使其获得足够的目标语输入和交际实践机会,并教给他们相应的学习策略,从而达到培养学生自主学习的能力。然而,一些院校仍延续传统的课堂教学模式,这种模式以教师为中心、应试为导向,无法满足学生获得足够的语言输入和交际活动的需求。传统的以教师为中心、以传授知识为主的外语教学,是一种求同的、强化顺从性质的教学。学生的学习主动权在教师手中,学生只能被动地按照教师所编制好的学习程序学习,问题也往往只能有一个标准答案,似乎放松控制会损害教师的"权威"。这一传统教学方式不但不能培养学生的学习自主性,而且在无形和有形中会扼杀和泯灭学生原有的自主性。

另外，新技术工具的介入使高职英语课程发展和教学出现了不同于传统高职英语教学模式的新特征。计算机网络与外语课程的整合打破了教材为知识的唯一来源这一局限，教师也不再是学生获得知识的唯一连接点。在网络环境下，高职英语课程教学中的学习内容、教师、学生等主要方面都被赋予了新的内涵。如何在高职英语教学中实现"从教到学"的转变，并且协调好多媒体环境下的教师、学生与教材的关系都是教学模式改革的重点。因此，构建新的高职英语教学模式成为当下高职英语课程教学改革研究的必然。

第二节　教学模式改革的理论基础

教学模式的改革主要体现在教学理念、教学方法和手段等方面的转变。鉴于以教师为中心、单纯传授语言知识和技能的英语教学模式给英语教学带来的负面效应，《高职高专教育英语课程教学基本要求》提出要改革传统教学模式，新的高职英语教学模式应为基于计算机和课堂的英语多媒体教学模式。多媒体网络技术虽然在外语教学中发挥重要的辅助作用，但教学理念对组织课堂教学模式的重要性也不可忽视。一般认为，建构主义思想是高职英语教学模式改革实践的重要理论基础。建构主义是学习理论中行为主义到认知主义的进一步发展，其基本观点是强调学习者基于与世界的相互作用的经验及意义，积极建构自己的知识。在建构主义学者看来，学习是一个意义建构的过程，而不是对知识的记载和吸收；学习者是意义建构的主体，学习依靠人们已有的知识去建构新知识；学习既是个性化行为，又是社会性活动，学习需要对话和合作；学习高度依赖于产生它的情境。

同时，建构主义也强调以学生为中心，要求学生由外部刺激的被动接受者和知识灌输对象，转变为信息加工的主体、知识意义的主动建构者，要求教师由知识的传授者、灌输者转变为学生主动建构意义的帮助者、促进者。因此，基于建构主义的教学模式应重视四种学习方式——自主式学习、探索式学习、情境式学习和合作式学习，突出强调学生对知识的主动探索、主动发现和对所学知识意义的主动建构。

传统教学模式把学生看作是对外部刺激做出被动反应，即作为知识灌输的对象，这些传统教学模式因违背了学生的认知规律而大大限制了学生的主动性和创造性。建构主义的理论则顺应了外语学习者的认知规律，学生学习过程是在教师创设的情境下，借助已有的知识和经验，主动探索，积极交流，从而建立新的认知结构的过程。该理论除了强调以学生为基础设计教学，还明确教师与学生在教学中的意义，阐明学生在教学实践中的主体地位，是语义的主动建构者，而不是语义的被动接受者；教师是教学实践的组织者，是语义建构的帮助者，而不是语义的灌输者，从而使学习的目的通过个性化方法达到满足自身需求外，还强调学习过程的真实性和社会性，指出学习是一种目标的指引、意义的建构和信息的不断积累。

建构主义除了重新整合教师与学生在教学中的定位，还指明了教材以及媒体的功用。教材所提供的知识不再是教师传授的内容，而是学生主动建构意义的对象；媒体也不再是帮助教师传授知识的手段、方法，而是用来创设情境、进行协作学习和会话交流，即作为学生主动学习、协作式探索的认知工具。教师、学生、教材和媒体这四要素与其在传统教学中的内涵相比，虽然有完全不同的作用，但是在教学活动进程中却形成了另外一种稳定的结构形式，即建构主义学习环境下的教学模式。

一、高职英语多媒体教学模式的建构

建构主义理论为多媒体网络教学实践提供了强大的理论支持,而多媒体网络教学则是贯彻建构主义学习思想的较为先进的教学模式。计算机网络的迅猛发展,以及随之而来的信息化手段的广泛应用,使教学活动可利用的时间及空间得到了极大拓展,加上全球互联网所提供的取之不尽的教学资源也使英语教学新模式的构建平添了多种可能。如何基于建构主义的教学理念而有效地发挥计算机网络教学的优势,处理好课堂教学与计算机网络教学之间的相互联系成为外语教学的核心问题。

有学者指出,为了顺应这种变化,在多媒体教学模式中,英语教学应分为课堂教学和计算机网上自学两种相互补充的方式。多媒体教学不是提高教学效果的唯一途径和手段,教师不能一味地追求现代化的教学手段而完全放弃传统的教学方法。目前,在我国高职英语教学中,全面推广基于计算机网络的自主学习模式的条件尚不成熟,单纯凭借这种新教学模式很难解决当前高职英语教学中的突出问题和矛盾,无法马上担负起高职英语教学改革赋予的历史重任;此外,基于计算机网络教学模式下的自主学习注定是一个长期、渐进的过程,这就要求教学活动的开展需要结合实际需要,保留吸收传统教学模式中的优良部分,充分发挥传统课堂教学和多媒体两种教学模式的优势,结合高职英语课程设置,对高职英语课程进行科学合理的整合,确保高职英语教学质量逐步提高。

二、建构主义理论和多媒体、网络技术的结合

在建构主义者看来,知识探索永无止境的,而不是一成不变的。教师不

能把现成的知识教给学生，而是引导学生主动探究，让学习者掌握学习和解决问题的方法，成为一个自主的学习者和知识的创造者。高职英语教师不仅要传授语言知识，还要担负帮助学生掌握英语学习方法和学习策略的重任。在高职英语教学中要确立以学生为中心的理念，培养学生的自主学习能力和终身学习能力，发挥他们的英语学习主动性，在使用英语完成各种交际任务的过程中建构英语语言知识，提升英语应用能力。此外，教师在英语教学中应采用各种方法和手段，帮助学生培养对语言的认识，提供一切机会让他们学习和使用英语，使英语教学不仅在课堂中进行，而且延伸到课外，为在高职英语教学环境中实现从"学习英语"到"用英语学习"的课程转换创造条件。

三、教学模式的建构原则：以学习者为中心

根据《高职高专教育英语课程教学基本要求》中提出的关于英语教学改革的指导思想，高职英语教学模式应从传统的纸笔模式转变为以计算机（网络）为载体的课堂教学和学生自主学习相结合的模式，学生的学习模式是教师教、学生学、网络辅导的三位一体的模式，并且在教学中应体现出以学习者为中心的思想。建构主义思想作为高职英语教学模式改革实践的重要理论基础，指出学生不应简单、被动地接受老师输出的或书本的知识信息，而是要靠自己主动建构知识意义，但是传统的教学模式无法实现这一目标，因为，传统教学模式是以教为主，即教师根据自己对教学内容的理解备课讲课，并且习惯于讲精、讲细、讲透；学生则习惯于机械地理解记忆，教师与学生的交流和互动极少，学生学习的积极性与主动性没有充分发挥出来。

同时，现代网络技术的介入对传统教学模式形成了一定冲击。学生可以借助现代多媒体设备根据自身知识组成情况，选择配套的网络课程学习，这

就使英语教学不再受时间和地点的限制，而朝着个性化学习和自主式学习方向发展，因此，教学模式必须围绕学生实际需求做出相应改变。在网络及多媒体作为支撑的新环境下，高职英语教学应从传统的"以教师为中心"，从单纯传授语言知识的教学模式向"以学生为中心"的模式转变，在英语教学中实现此转向的目的就是教师放弃在教学过程中的绝对主导者地位，转向为学生自主学习、自我思考、自我发现的促进者，指导学生在多媒体的网络环境下主动地、积极地学习英语，最大限度地发挥他们的潜能。建构主义理论的核心是以学生为中心，强调学生对知识的主动探索、主动发现和对所学知识意义的主动建构。在建构课堂教学和计算机网上自学的教学模式时，应遵循"以学习者为中心"的原则，从研究教师如何"教"转向研究如何利用网络学习系统促进学生自主"学"。

  计算机网络环境下的课堂教学模式与自主学习模式应结合教学的现实要求，遵循建构主义教学理论，在处理好课堂教学与计算机网络教学之间联系的基础上，实现"以学生为中心"的教学原则。在课堂教学过程中，教师应该避免单纯的知识点教授，要充分利用开放的网络资源和网络交互技术，融知识教学与培养学生综合能力于一体。课堂教学是在一个相对单一、闭塞的环境中进行的，教师应充分利用现有条件，拓展教学空间和课堂知识点操练环节，尽可能多地开展师生之间的课堂互动交际，在实际操练中进行语言知识教学，帮助学生成为学习的主体，并设计真实、复杂和开放性的语言学习环境与问题情境，诱发、驱动并支撑学习者探索、思考与解决问题的活动。同时，教师也可以在课堂上利用多媒体，如播放幻灯片或与学习主题相关的影像资料，使文字信息与图像信息相互交融，在调动学生学习积极性的基础上，对课堂知识点加以扩展。

网络多媒体手段使学生利用计算机网上自学成为可能。网络信息直接指向学生，学生成为学习的中心。他们可以"控制"学习媒介和"课程"的程序，可以自主选择学习的时间、地点和内容。学习是非线性的和无连续性的，不再局限于传统的课堂学习。教师根据特定目标和特定学生，设计不同的网络课程任务，对学生进行有针对性的因材施教。学习者借助计算机的自主学习就不再需要中间环节，可以完全依据自己的兴趣、爱好和对自己未来设计的需要，自主、自由地选择学习内容。

网络所提供的超媒体、超文本信息，以及跨学科、跨时空和面向真实世界的链接，构建起了使学习者走出高职英语课堂、融入社会实际英语使用情境的内容体系，能更好地保证学生的自主学习质量。由此可以看出，随着现代多媒体教学手段的介入，新的课堂教学模式和计算机网上自学模式在建构主义的影响下，被赋予了个性化、自主化和协作化等特点，这是更符合现实人才培养需求的变革，也是《高职高专教育英语课程教学基本要求》对于多媒体教学要求的全面体现。

四、教学模式与多媒体网络技术的结合

建构主义理论的核心是以学生为中心，强调学生对知识的主动探索、主动发现和对所学知识意义的主动建构。在网络环境和教师的组织、指导下，学生在教学过程中的主体位置应能够通过教学活动的安排体现出来，其学习的主动性、积极性也能得到充分调动，其智力、创造力、独立获取知识的能力也能得到开发与培养。教学过程是教师与学生交流和互动的过程，是教师与学生、学生与学生、学生与社会的互动过程。以现代教育信息技术为基本手段和途径，新的高职英语教学模式包括学生、教师、教学信息、学习环

境四个要素，这四个要素相互作用、相互联系形成稳定的网络多媒体教学模式。

五、多媒体网络技术下的自主学习

多媒体网络技术影响下的教学模式突破了传统课堂教学的时空限制，创设了现代教学环境，构建了一个无限开放的教学空间，淡化了"教"，强调了在现实环境中的"学"。教师设定学习任务，学生自主掌握学习进度和选择语言项目。建构主义学习理论强调学生不是简单、被动地接受老师输出的或书本的知识信息，而是靠自己主动建构知识意义。学生通过自主学习，查漏补缺，将旧知识与新知识联系起来，在原有旧知识基础上增加、积累新的知识。在多媒体网络自主学习的环境下，学生就可以在任何时间、任何地点开展学习。

例如，学生可以有针对性地重点学习词汇用法、学习篇章结构和背景知识，或选择反复训练听力和发音。教师也可以在校园网上建立有关英语学习的网页，为学生提供英语新闻、英语论坛等栏目，学生可以根据自己的语言水平、兴趣和学习风格自行选择学习内容。网络课程的最大特点是利用现代化技术，通过为学习者创造优化的网络自主学习环境来注重学习者的个性差异，充分调动学习者自身的积极性，大面积挖掘学习者自身的学习潜能，最大限度地开发学习主体的主观能动性。

网络环境中学生进行的是个别化的自主学习和协同学习，学生可以按自己的知识结构和需要选择相关的知识内容进行学习；学生还可以在很大程度上支配自己的学习时间、过程和空间，设定学习目标，不断做出调整，决定学习进度；可以按自己的需要自由选择不同级别和水平的学习材料，或侧重词汇语法，或侧重听说训练，从而达到强化自己所学知识和所掌握技能的目的。

多媒体网络技术对探索式学习具有激发性。语言学习是积极体验的过程，它要求学生去探索和建构语言的意义，因此语言学习应该是一种非程序式的、非事先设定的活动。建构主义侧重以学习者为中心，实行发现式学习和探索式学习，让学生在某一特定的语言环境中自行体会和发现，使学习成为一种自然的行为活动。在网络环境中学习，学生的学习过程不再由教师统一控制，不再像课堂教学那样强调集中思维、求同思维和正向思维。学生有很大的自由空间，在学习中能更多地进行主动的学习和独立的思考，因此，除了消化和吸收所学知识与经验，更加注重创造性学习。

网络的开放性和多元性特征为学习者提供多种选择的可能，使人的思维得以激活，从而激发出创造的欲望。学生在借助计算机完成自主学习的过程中，要去寻求、研究，进而建构语言的意义，这就是一种探索式学习。

在没有教师的情况下，学生要学会自主安排学习时间，学会独立使用网络教学资源，学会自选课题和学习材料，自主分工合作完成教学任务，从而形成一种不断探索、创新的思维模式，发挥学生的自主创造性。在网络教学中，学生成为学习的主体，网络学习系统中设计的真实、复杂和开放性的语言学习环境与问题情境诱发、驱动并支撑学习者探索、思考与解决问题。学生有了这样的资源，再具备妥善处理这些信息的意愿，就可以真正实现培养自我探索式学习的目标。

多媒体网络技术有助于情境式学习。在真实的语言环境中学习，学生感知的语言才会更加具有完整性和意义，孤立于外界环境的抽象的语言训练对于外语教学的效果是不利的。多媒体教学集声、像、图、文于一体，通过声音、图像、文字、动画一体化界面加大了对学生的感官刺激，使教学变得形象化、立体化、生动化，多角度地提供大量形象生动的语言素材，全方位展现较真实的语言环境和文化环境，使情境式学习成为可能。这些丰富的语言学习素材一方面因丰富多彩而大大地激发学生的兴趣，吸引学生积极主动地参与学习，引导学生在网上"电子畅游"世界，利用计算机教学软件自主收听或观看原版英语电影，以亲身的探索经历构建坚实的图式基础，在网络创造的语言情境下建构自己的目的标语知识，达到语言学习的目的；另一方面，学生可以通过网络，随时下载有利于创造情境的资源，丰富高职英语的课堂教学，这可以引导学生通过网络培养阅读、听说、写作等技能，强化批判性和创造性等高级语言思维能力，将全球的知识信息链接起来，提供一个巨大的教学资源库，把娱乐性、参与性强的网站引入教学内容之中，充分调动学生的各种感官。

此外，英语电视、英语新闻和各类国际活动的英语直播，特别是越来越多的大学建立卫星电视英语中心等，都为语言学习创造了极好的语言情境，保证在较真实的英语环境中全面培养学生各项英语语言技能，在现实的语言体验中内化语言知识，形成并不断提高综合语言应用能力。

多媒体网络技术有助于合作式学习。在网络环境下，以计算机为核心的现代教育技术、教师、学生应构成一个生态化的高职英语教学环境，使三者在整合的教学情境中相互作用、相互补充、相互转换。建构主义认为知识是在行为活动或经验中建构的，是逐步显现的、情境化的，学习就是知识建构、解释世界和建构意义，是经验的和重视过程的。语言教学过程不是一种单纯的认识和传递知识过程，而是通过语言建立师生之间的合作关系、对话关系。在对话过程中，师生各自凭借自己的经验，用自己独特的精神表现方式，通过心灵的沟通、意见的交换、思想的碰撞，实现知识的共同拥有与个性的全面发展。课堂不再是教师唱独角戏的舞台，不再是学生等待灌输的知识接收站，而是师生之间的双向互动的平台。

随着多媒体网络技术的介入，教学中的对话已不限于师生之间、生生之间言语的应答，师生互动课堂、生生互动"社区"、生机互动"在线"等教学环境的创建也应运而生。在课堂、学生课外活动场所、网络虚拟空间三维环境所进行的师生、生生、生机间的英语互动活动中，教师的作用是引导、促进、协调，而学生作为活动的主体，通过探索、实践与合作，在做中学、探中学，逐渐完成对语言使用规则的认知和外化。在课堂上，教师可以让学生分组完成专题的准备和讨论，所有学生均被要求参与某一专题的准备和陈述，并设置自由提问环节，教师在整个讨论过程中起引导作用；同时，可以开展课外丰富的第二课堂活动作为教与学的延伸，解决现行高职英语教学模式中最为缺乏的课堂互动。多媒体网络教学环境为师生、生生之间提供了多种形式的语言交互途径，网络教学中的协作学习、小组讨论、在线交流等学习模式也使师生之间、生生之间通过交流信息实现互动合作，从而实现真正意义上的人机、人人互动。

实现和推广基于网络的多媒体立体化教学模式具有非常深刻的意义。这样的教学模式转变不仅是采用了多媒体技术而引起的教学手段的转变，而更重要的是它引发了教学理念的一场变革。与传统课堂模式相比，多媒体教学优化了外语教学资源的环境，提高了个人学习效率和教学效果，因而显示出其广阔的发展前景。多媒体教学模式不仅运用先进技术手段提高了教学效率，更重要的是改变了以教师为中心的传统教学模式，形成了以学生为中心的个性化学习方式。这种改变师生角色，更注重"学"而不是"教"的全新教学模式，对于发展和培养我国学生迫切需要的外语综合应用能力和独立自主学习能力有深远的意义。

第三节　高职英语的教学方法

外语教学法是一门研究外语教学理论和教学实践、教学过程和教学规律的学科。随着时代的发展，外部整体的学习环境发生了很大变化，教学模式也作出了相应改革。学生可以不再像以前那样完全依赖学校或者教师的授课，英语学习朝着个性化、主动式方向发展。教学中若没有相应的教学方法，教学内容就不能很好地传授，教学目的就很难达到。自《大学英语教学大纲》推行以来，我国的高职英语教学取得了很大的进步，主要表现在英语教学改革初见成效、教学设施得以改善、大学生的英语水平在逐年提高。然而，在高新技术迅速发展的今天，社会对于外语人才的要求越来越高。学生不仅要有扎实的语言知识，还要具备良好的综合素质和交际能力，因此，为了顺应变化的学习环境和教学模式，满足新形势下外语人才的培养需要，我国高职英语教学的当务之急就是改革某些陈旧的教学方法，创造新的教学方法，寻找最优教学法。

最优教学法就是适应特定的社会环境、教学环境、教学对象、教学目的要求的教学法，目的是在充分发挥现有条件的基础上达到最好的教学效果，而不是追求统一的、唯一的方法。任何教学法都有其产生的特定背景，并不能服务于所有的教学目的，也不能适用于各个学习阶段，能达到最好教学效果的方法就是最优教学法。各种外语教学法各有所长，成功的外语教学法一般都不是采用了某种特定方法，而是能够最大限度地利用现有资源，博采众长，尽可能地采用适合自己的特定教学法。因此，各高校在选择教学法的时候，要充分考虑学校教学环境、设备建设、学生整体水平以及师资力量等客观因素，结合教学目的与任务、教学内容、教学组织形式等教学基本成分，对现有的外语教学法实现重新组合搭配。

一、高职英语传统教学法

外语教学法是外语教学过程中的一个重要成分，是为完成教学任务、实现教师怎样教、学生怎样学以及师生相互作用所采用的方式、手段和途径。外语教学法是一定历史背景和社会环境的产物，是根据不同教学阶段以及教学要求决定的。不同的外语教学法产生于改革外语教育的实践，受制于外语教育的目的，不同的外语教学法并非相互对立，而是长期相互依存的。各种教学法在见解方面相互借鉴，理论内容上互相融合。语言教学史上，曾先后出现过语法翻译法、自觉对比法、认知法、直接法、听说法、情境法、视听法和交际法等体现不同教学理念的教学法。

一方面，英语教学法总是处于批判、继承、发展、创新的过程中。正是这种历史继承性才使综合与折中的趋势有了存在发展的可能。另一方面，高职英语改革是与时俱进的，是时代发展的要求。因此，可以说高职英语教学改革不是照搬照抄外国的理论，而是以高职英语教学方法运用的现状与时代要求为立足点，选择一种既符合高职英语教育教学现实又符合时代需要的英语教学方法。由于受不同语言学基础和心理学基础的影响，早期传统教学法往往比较注重语言结构和语言规则的掌握，而相对后起的一些教学法如交际法，则比较注重语言意义和语言功能的掌握。我国高职英语教学中正在使用的、有代表性的几种方法可概括为语法翻译法、情境教学法、交际教学法、任务教学法、直接教学法。

语法翻译法始于18—19世纪，是随着现代语言作为外语进入学校课堂而形成的第一个有影响力的外语教学方法体系，也是我国早期高职英语教学主要采用的方法。语法翻译教学法强调学生母语在教学过程中的重要作用，强调母语和英语的共同使用，认为将母语与英语的异同挖掘出来有助于学生更加明确地理解英语。现代语法教学法主张以语法为语言的核心，是外语学习的主要内容，教师只需具备外语语法基础知识和母语外语互译能力就可在语法理论的指导下开展教学。课堂教学以教师讲解为主，学生被动接受。教师用母语组织教学，充分利用本族语，以翻译为主要学习活动形式进行讲解，使语法为阅读教学服务；学生主要通过本族语和外语的互译来巩固所学的词汇和规则。语法翻译法把口语和书面语分离开来，把阅读能力的培养当作首要的或唯一的目标。因此，语言知识的提高、词汇的理解、语法的变化成了课堂的教学重点。在教学中，翻译既是手段又是教学目的，对语法学习的强调，对理性知识的重视，虽然加深了学生对目标语言的理解，对阅读、翻译、写作等方面的培养行之有效，但是围绕着语法规则的记忆与机械操练，不能保证学生在实际的生活环境中正确使用语言，学生运用英语进行口头、书面交际的能力仍然比较薄弱。

情境教学法也叫视听法，主要针对的是听说法脱离语境、孤立地练习句型、影响学生有效使用语言能力培养的问题。20世纪50年代在法国产生了情境教学法。情境教学法是教师根据课文所描绘的情境，创设出形象鲜明的投影图画片，辅之生动的文学语言，并借助音乐的艺术感染力，再现课文所描绘的情境表象，师生就在此情此境之中进行着一种情境交融的教学活动。在情境教学法中，语言被看作是与现实世界的目标和情境有关的有目的的活动。这种教学法对视觉辅助物依赖性很强，教师利用多媒体创造情境，通过情境进行教学和操练，这样的教学法往往会让学生产生一种身临其境的感觉，同时，还会激发学生学习英语的积极性和热情，帮助学生更为准确和牢固地完成对于英语知识点的记忆。通过获得有价值的感性材料，可以实现英语教学理论与实践的有机结合，为英语的语言知识学习提供良好的条件。在外语教学中，良好的语言环境往往对于英语的感知起到很大的促进作用。情境的创设能够加速外语与事物的联系，有助于理解所学语言；重视整体结构的对话教学，使课堂变得生动活泼，学生学得自然，表达准确。但是，情境法的不足之处是在运用过程中，强调通过情境操练句型，在教学中只允许使用目的语而完全排除母语，这不利于对语言材料的彻底理解；教师若过分强调整体结构感知，就无法保证学生对语言项目的清楚认识。

  交际教学法也叫"功能法"或"意念—功能交际法"，是由威尔金斯提出的，其历史可以追溯到20世纪60年代，威尔金斯指出交际能力不仅包含语言知识，还应包括语言运用的能力，尤其应该注意语言运用的得体性，它包括对交际时间、交际场合、交际话题、交际方式等诸多因素的灵活把握和运用。交际教学法使语言教学观发生了革命性的变化，在外语教学中发挥了巨大的作用。它提倡以语言功能项目为纲，强调在语言运用中学习语言，从而实现培养交际能力的教学目的。传统的英语教学，以教师为中心，采取"满堂灌"形式，忽略了学生语言技能的培养，这种教学越来越多地表现出与实际要求的脱节。交际教学法在师生共建的课堂互动模式中给学生提供更多使用语言的机会，在继承传统教学法合理成分的基础上，将学生能够运用英语语言能力作为学习的目的。它强调交际的过程，认为有没有一个具体的目标和明确的结果并不重要。交际教学法认为语言是实现交际目的的手段，但是仅仅具有听、说、读、写能力并不一定就能明确表达意念和理解思想，因为，语言的交际功能受制于语言活动的社会因素，教学过程就必须交际化。这就意味着要尽可能避免机械操练，而应该让学生到真实的或接近真实的交际场合进行练习，感受情境、意念、态度、情感和文化修养等因素如何影响语言形式的选择和语言功能的发挥。因此，老师应该借助课堂或者多媒体教学多为学生创造、提供交际情境和场合。在真正意义上实现"用语言去学"和"学会用语言"，而不是单纯地"学语言"，更不是"学习关于语言的知识"。

任务型语言教学法是在20世纪80年代交际法被广泛采纳的情况下产生的，它是交际法教学和第二语言研究两大领域结合的产物，代表了真实语境下学习语言的现代语言教学理念。任务型教学法是通过教师引导学习者在课堂上完成语言任务来进行教学的方法，强调"在做中学"，是交际教学法的延伸和发展，教育的重心从教科书和教师转向学生，教师引导学生在各种语言任务中学习。在课堂教学活动中，教师围绕特定的交际项目，创设出目标明确、可操作的任务，学生通过表达、交涉、解释、沟通、询问等多种活动形式完成任务，达到掌握语言的目的。任务型语言教学法要求学习者积极主动地参与整个语言习得过程，要按照计划按时做好、做完上课前的各项准备工作，包括预习课程、查找资料、写报告、提前排练表演、背诵、记忆教材内容等；课堂上要积极参与各项学习、讨论、陈述、讲解等学习活动。任务完成的同时就是巩固旧知识，并且学习与运用新的语言知识的过程，从而达到学习语言和掌握语言的目的。任务法综合了多种教学法的优点，和其他教学法互相补充、相互完善。通过完成多样化的任务活动，学生的学习兴趣被激发，语言技能和语言知识得到了发展，对培养学生的语言综合能力大有裨益。这与传统的语言操练完全不同，任务型教学法充分体现了以学生为中心、以实现语言运用为目的的教学理念。

直接教学法是19世纪后半叶作为语法翻译法的对立物在西欧出现的，主要代表人物是贝立兹、艾盖尔特和帕默。贝立兹主张力求在外语教学中创造与儿童习得母语的自然环境相仿的环境，并采用与儿童习得母语的自然方法相一致的方法。帕默认为语言是一种习惯，学习一种语言就是培养一种新的本族语，通过思想与外语的直接联系来教外语的方法。它主张外语教学应以语音训练为主，对语音的掌握是学好外语的关键，语音训练应充分利用音标；口语训练是外语教学的目标，语言材料以日常口语材料为主，口语活动是课堂主要活动形式，在教学中要尽量避免使用本族语和翻译，因为进行翻译既浪费时间又妨碍外语气氛的形成，且易使学生按照本族语去类推外语句子，故应该避免。直接法强调建立外语词语与实际的直接联系，以培养学生使用外语思维，这就为外语学习提供了一种生动活泼的学习方法，激发学生的学习兴趣，促进学生积极参与课堂教学活动。教师每教一个新词语，应把该词语所代表的事物、意义及客观表象直接联系起来，不是先学习语言规则，而是先模仿着说。让学生先实际掌握语言材料，再从他们积累的感性语言材料中总结出语法规则，用以指导以后的学习。直接教学法重视听觉感知和听觉记忆，对于培养学生的语音语调，特别是在培养学生的活动能力方面效果明显。它通过提出先听说后读写的教学要求，把语言听说教学提高到前所未有的重要地位。

二、当前高职英语教学法存在的问题

通过对我国外语教学现状的调查发现，虽然各种教学法流派对传统教学法产生了很大冲击，但以语法翻译法为代表的传统教学法影响力依旧较大。

语法翻译法在中国语言教学中存在的基础是其合理性、可行性和有效性，但这并不意味着它是最好的、最合适的，因为，过分强调语言知识的传授，忽视语言技能的培养，导致语音、语法、词汇与课文的阅读教学脱节，并且教学方式往往比较单一，课堂教学气氛不活跃，不易引起学生的兴趣，也不利于培养学生综合外语能力的培养；而情境教学法在教学中未能恰当地发挥母语在外语教学中的积极作用，对母语完全排除，过分强调目的语的使用，这不利于对语言知识点的彻底理解；交际教学法通过恰当的语言输入和有意义的课堂互动帮助学生习得语言，提高学生的听说能力，但是，由于不提倡单纯的语法解释，因而无法保证语言表达的准确性，而且对于外语教学中重要的读写能力有所忽视；任务教学法通过完成各种各样的学习任务来激发学生的学习兴趣，将知识与技能结合，有助于培养学生综合的语言运用能力，但是课堂的组织和任务的设计过分依赖教师的能力和教学水平，而且在大班教学中难以保证任务的完成，课堂效率就会偏低，并且无法有效监督学生的个体表现；直接教学法在外语教学中偏重经验、感性认识，这种方法对培养学生交际，掌握外语特别是口语虽然较好，但语言修养浅薄，对许多语言现象知其然而不知其所以然，对难度大结构复杂的语句只能凭语感猜测，不免出错。在英语教学中，任何一种方法都有其优点和缺点，因为，它们都是某一个时代的产物，反映某一时期的英语教学需要。随着社会的发展，人们对英语的学习多样化，现在仅靠一种方法是达不到目的的，因此，高职英语教学法的选择应借鉴当今较有影响的几种外语教学法，博采众长，在充分吸取教育学、心理学、语言学、第二语言习得等领域的研究成果的基础上，充分考虑外语学习的特殊性、师资水平等，针对学生学习外语的特点、目标和环境，探讨和设计出符合不同水平层次学习者需求的教学方法，各种教学法的优化融合可能会成为未来中国高职英语教学的趋势。

三、教学活动中多种教学法的综合运用

高职英语教学在方法上越来越趋于多样化、折中化、本土化、学生中心

化和学习自主化，这些变化促进了中国的高职英语教学改革。外语教学是一门实践性极强的课程，它需要一定的知识传授，但更需要活泼的、较为真实的，以及作为语言学习主体的学习者的积极参与和大量的交际实践。对于英语知识点的单纯讲解方式已经不再是开展教学工作的唯一方式，新的教学法在英语教学中发挥着越来越重要的作用。教师的"教"和学生的"学"是教学的两个重要环节，需要教师和学生共同参与。那么如何在师生共建的课堂互动模式中，有意识地创造各种语言环境，积极调动学生学习英语的积极性，让学生正确地使用英语知识去表达、交流思想和传递信息是外语教学法要解决的首要问题。但是英语教学法的运用不是固定的、排他的，这就要求教师在教学过程中灵活地选择有效的英语教学法。在以计算机、多媒体和网络为辅助手段的基础上，将不同的教学法穿插使用，可以有效地调动学生学习英语的主观能动性，有助于教师及时对教学过程进行调控，同时可以加强学生与教师之间的有效沟通，帮助学生更好地提高自身的语言能力。教师对教学法进行选择时应注意兼顾几个原则：知识的体系性；任务的多样性；情境的真实性。

英语教学法要帮助学生构建扎实的语言知识体系。《高职高专教育英语课程教学基本要求》指出，高职英语的教学目标是培养学生的英语综合应用能力以及用英语进行交际的能力。交际能力由两个方面组成：语言知识和交际知识。语言知识的积累可以提高交际能力，交际实践可以巩固学到的语言知识，并进一步促进交际能力的提高。在这两者的关系中，语言知识的学习是基础，也是最终为语言交际服务的。因此，语言教学以交际为中心，但也不能忽视语言知识的学习。语法翻译法经过长期的发展，在诸多方面已经做出变化，并且对于知识体系的建构也更为成熟。它虽然强调的是理性的语言知识，是规则、是框架，但它在一定的程度上已经摒弃了母语与目的语之间的机械的比较和逐字逐句的翻译，实行以课文为中心的语音、词汇、语法综合教授的新的教学方法。教师在开展教学的过程中可以参照语法翻译教学法，先讲授词法，然后再讲授句法；采用演绎法讲授语法规则，再举例子予以辅证说明；语法练习的方式一般是将母语句子翻译成外语。在强调阅读作为外语教学的主要目标的同时，考虑对学生听、说、写能力的培养，这样的教学法在很大程度上有助于学生英语知识体系的建构。此外，语法翻译教学法认同学生的母语在教学过程中的重要作用，强调母语和目的语的共同使用。这样在课堂上，教师适当地采用母语进行解释，尤其是针对具有抽象意义的词汇和母语中所没有的语法现象，既省时省力又简洁易懂；再者，将英汉两种不同的表达方式进行比较，可以提高学生正确运用目的语的能力，因此在教学中可以灵活采用。

教学法能否调动学习者的学习兴趣是保证教学质量的关键，因此，在教学中教师应该确保学习任务的多样性。任务教学法主张以任务组织教学，在任务的履行过程中，以参与、体验、互动、交流、合作的学习方式，充分发挥学习者自身的认知能力，调动学生已有的目的语资源，在实践中感知、认识、应用目的语，体现了较为先进的教学理念。教师在设置任务的时候要以激发学生学习兴趣和成就感为出发点，围绕特定的交际和语言项目，设计出具体的、可操作的任务，让学生在任务的驱动下学习语言知识并进行技能训练，在感知、认知知识的过程中达到学习和掌握语言的目的。活动可围绕教材但不限于教材，要以学生的生活经历和实际交际活动为参照，不仅要有利于学生英语知识的学习、语言技能的发展和运用能力的提高，还应有利于促进英语学科和其他学科之间的相互联系，使学生的思维能力、想象力、协同创造精神等综合素质得到提高和锻炼。比如，上课之前让学生利用课余时间通过图书馆、网络等媒介查阅相关资料，了解本单元的中心主题；建立学习小组，成员之间互相检查背诵、记忆教材内容或者根据课程内容提前安排小组排练表演并进行课堂展示等；在课堂上鼓励学生积极参与各项学习、讨论、陈述。由于学习任务包含有待实现的目标和需要解决的问题，因此，会激发学习者对新知识、新信息的渴求。这样，学生通过实施任务和参与活动，就能促进自身知识的重组与构建，摄入新信息并与学习者已有的认知进行互动、连接、交融与整合。

在教学中教师应通过模拟真实情境来拓宽教育空间，增强学生的感受性，强化参与意识，从而有效地提高教学效果。传统的课堂教学被局限在教室中进行，现代信息技术的广泛应用使教育空间的拓展成为可能。教师可以在课堂教学中借助多媒体教学设置，为学生创设真实的语言环境或模拟情境，在模拟的情境中完成语言知识的学习和操练，在实践中提升交际能力。传统教学法的弊端之一就是教学法会给学生造成一种距离感，形成"你讲我听"的被动状态。而情境教学法由教师根据教材和心理理论创设了有关情境，鲜活的教学内容，缩短了师生的心理距离，强化了学生积极参与的意识，从而使学生由"要我学"转化为"我要学"。情境教学法强调在英语教学中充分利用生动、形象、逼真的意境，使学生产生身临其境的感觉，利用情境中传递的信息和语言材料，激发学生用英语表达思想感情的欲望，促进学生的语言能力及情感、意志、想象力、创造力等的整体发展。情境教学法的教学实践是以课堂教学为主线，综合运用多种办法创设真实语言情境，营造英语氛围，进行实践交际。教师可以用图片、模型、实物、简笔画等教具，利用自己的手势、动作、表情等体态及多媒体技术等现代教育技术手段，真实又立体地展现所学语言的背景和使用背景，使教学过程有序化、整体化、形象化、趣味化。同时，教师可以鼓励学生在课后使用视听设备和语言实验室来放映英语电影，收听英语广播、收看电视节目，通过情境、视听教学，让学生把握地道的语音、语调和了解西方的文化背景。情境教学法既能突破传统外语课堂教学的狭隘性、封闭性，拓宽教学空间，又能激发学生的兴趣，唤起学生的参与意识，提高教学质量，对外语课堂教学来说是一种切实可行的教学法。

教学要以重视、发展语言技能和交际能力为主，应采用多种交际功能项目，保证交际的趣味性。在传统课堂教学中，教师倾向于围绕语言知识点，如词义、句意、词汇用法和语法知识等开展问答活动。通常情况下，由于班级人数的限制，只有部分学生能够在课上参与课堂练习，但是气氛不活跃、学生怕出错并且缺乏兴趣就无法通过课堂训练把学到的知识加以巩固和深化。在这种情况下，教师可以借鉴直接法与交际法，在了解学生的兴趣和经验的基础上，设计出较真实的、贴近生活的、能激发学生兴趣的交际话题和项目；也可以介绍关于目的语国家地理、历史、风土人情等文化知识，引导学习者由机械的记忆转向会话的灵活运用，让学生用语言表达他们所要表达的思想，使学习者的大脑一直处于一种激活状态，并乐于参与课堂活动。语言课程的内容不再按简单的句型、词汇、语法来设置，而是根据这些形式表达的意念及他们所实施的交际活动来制定。如将问候、邀请、做客、看病等主题作为主要线索来安排教学内容，不必要求学生语法恰当、用词准确，而是启发学生讨论，让学生开口说，注重听力和口语、重视交际能力的培养，教师要相对宽松地对待学生语言的准确性。课堂教学中避免使用母语，主要采用口语材料作为教学内容进行反复练习，通过趣味性的设计调动学生的参与积极性，并鼓励学生进行模仿，直到养成良好的语言习惯。让学生在轻松和谐的氛围中通过这种形式的口语交际练习，真正地感受到用英语交流的乐趣而非仅仅是掌握了语言知识。

由此可以看出，每种英语教学法自有它产生和存在的条件，在实际教学中教师应该仔细研究各种教学法的特点，熟悉并掌握其中的技巧，不能盲目地推崇某一种教学方法而否定另一种教学方法，应根据教学活动的具体情况综合使用各种教学法。事实证明，没有一种单纯的教学方法是万能的，过多地依赖或推崇某一种教学法的做法往往会在具体的教学实践上产生某种偏差，这不利于外语教学的进一步发展与提高。《大学英语教学大纲》要求教师不仅要向学生传授语言知识，训练语言技能，还要培养学生运用英语进行交际的综合能力。这一要求是立体的、多层次的，而且当前大学生获取知识的渠道多样化，自学能力强，因此在教学中仅仅使用一种教学方式显然是不够的。所以，教师在教学中必须秉着客观、实事求是的态度，结合教学特点、学生的实际情况以及现有的教学资源，选择合理的教学法，从而有效地开展高职英语教学。

第四节　高职英语的教学手段

教学手段是构成教学系统的要素之一，是为了实现预期的教学目的，教师与学生用来进行教学活动、作用于教学对象的信息的、精神的、物质的和形态的总和。《高职高专教育英语课程教学基本要求》指出，高职英语教学应尽可能地为学生创设自主式学习环境，体现个性化教学，将多样化和立体化引入传统的英语课堂。这些要求对高职英语教学提出了新的挑战。面对外语教学的改革、教学模式的转变、教学方法的创新，高职英语教师需从调整教学观念及教学手段等方面入手，重新审视并合理地运用传统教学手段和现代化教学手段，使教学以更快的速度、更高的效率，最大限度地开发人的学习活力与研究潜能，以保证新形势下高职英语教学的质量。

现代信息技术的应用和普及尤其是多媒体技术和网络技术的结合，为外语教学提供了强大的技术手段，尤其是多媒体外语教学软件的出现给外语教学带来了勃勃生机。在教学中充分利用以多媒体技术为核心的现代教育技术是高职英语教学改革和发展的必然要求。各高校在依据《高职高专教育英语课程教学基本要求》具体要求的基础上，对高职英语教学进行改革。其中，利用多媒体手段进行高职英语教学成为各高校英语改革的主要方向。传统的英语教学模式主要是面对面的单向式课堂教学，以教师的课堂讲授为主，主要教学手段是"教材+黑板+录音机"，难以创造出培养学生语言交际能力的真实生动的语言环境，因而难以激发学生的学习热情，而多媒体网络教学以其形象性、生动性、先进性、高效性等特点弥补了传统教学中的不足，成为现代化教学的一种重要手段而被广泛采用。

一、现代化教学手段的利弊

现代化的多媒体教学手段集声音、图像、视频和文字等媒体于一体，具有形象性、多样性、新颖性、趣味性、直观性、丰富性等特点。它可以根据教学目的、要求和教学内容，创设形象逼真的教学环境、声像同步的教学情境、动静结合的教学图像，营造生动活泼的教学气氛。它是现代科学技术的发展在教学中的反映，具有直观性强、容量大和智能化的特点。多媒体的应用可以用来设计全新的整体教学过程和交互性、个性化的训练方式，促使教学过程发生根本变化，形成教师、学生、教材和教学方式的新组合，能为语言学习者提供一个良好的视觉、听觉交互式语言环境，起到其他教学手段无法比拟的教学效果。与传统的教学手段相比，多媒体辅助教学有着明显的优势。

现代化教学手段能够帮助创设情境，提高学生的参与度。外语教学的最终目的是把学习者培养成为语言交际者和跨文化交际者，而英语语言交际能力和技能的获得必须通过大量的、反复的语言实践，因此，创设真实的情境进行外语教学是十分必要的。课堂教学中引入多媒体课件，可以增加课堂信息量，大幅度降低教师的劳动强度，提高课堂效率。传统课堂教学需要教师写板书、学生记笔记，教师与学生劳动强度都较大，而且讲授不连贯。计算机多媒体技术的发展为教学提供了强大的技术支持，教师可以运用计算机事先准备好授课内容，制作汇集大量的文本、图形、图像、视频、音频资料的课件，由于多媒体课件包含的信息量大，其信息和数据表达具有多样性，因此可以调动学生多种感觉器官参与学习，更增强了学习的趣味性，从而提高授课效率，相比于传统教学而言，在同样的时间里可以呈现更多的信息。

二、多媒体教学手段的不足

高职英语教学是一个集多种教学模式和教学手段于一体，以英语语言知识与使用技能、学习策略和跨文化交际为主要内容的教学体系。多媒体教学把各种媒体和教材中的资料都整合到高职英语教学中，对教学中教与学的所有信息进行储藏、加工、传播，优化了高职英语教学信息，同时，由网络带来的各种最新的时事新闻、电影、录像等更加大了语言的输入量，对于提高高职英语教学水平有积极的影响。现代化教学手段虽然是一种先进的教学手段，但是，目前它还不能完全代替传统教学活动，因为，多媒体教学手段在英语课堂教学方式中的问题也逐渐暴露出来。

多媒体课件过于注重形式，而忽略了教学内容。在多媒体网络教学中，教学课件起着重要的作用，它的优劣直接影响着教学效果。教师花费大量精力用于掌握制作技术，而真正用于教学准备的内容反而变少，不利于备课。

多媒体和网络的使用给大多数学生提供了自主学习的机会，锻炼了他们的创造性和主动性，然而，在这一过程中，由于缺乏教师监督，学习效果的好坏在很大程度上取决于学习者的积极性，难以保证教学质量。在传统教学中，学生基本能跟着教师完成教学任务，教师对于学生的表现可以实时监控，教师的警示会约束学生走神，教师的暗示会启发学生的联想思维。但是，现代教学手段由于强调学生的自主学习，教师的主导监督作用往往发挥不了作用，学习自主性较差的学生就不能得到较好管理。另外，多媒体课件上的学习内容繁多，学生往往分不清学习的主次和先后顺序，又缺少有效的监督和管理，无法检索自己所需的资源而影响学生的学习。

因此，鉴于我国外语教育的师资配备、教学配套设施的建设和完善程度，单纯凭借现代教学手段是无法保证高职英语教学的顺利开展的。为了提高高职英语的教学质量，在教学中就要将多媒体教学与传统教学相结合，各取所长，充分发挥传统教学手段和现代化教学手段的优势，这样才能取得满意的教学效果。

三、传统教学手段与现代化教学手段的运用

传统教学手段主要是借助文字教科书、挂图、教师的大脑等记录、储存教育信息，靠教师口头语言和黑板书面语言等自然声光传输、调节教育信息的教学手段。传统的手写教案不依赖于计算机等多媒体设备而独立存在，只要有粉笔和黑板，教学即可正常进行。在教学中一直遵循以教师为主的原则，教师备课认真，讲课内容丰富，讲课有条理。通过面对面的口授、板书以及师生间眼神的交流，教师容易把握学生的领会程度和课程进度，教师可根据学生的反应随时调整授课方式和内容。学生通过观察教师的表情、动作等形体语言，可以领会老师的用意，从而有助于知识的消化和吸收，在课堂上师

生互动的机会较多。与现代教学手段相比，以"粉笔+黑板"为标志的传统教学手段虽然过于费时、形式比较单一，但却是在长期教学实践中保留下来的一种传播知识文化的方式。它在加强师生之间的互动关系、调动学生积极思考、通过教师的肢体语言传达给学生直观感受等方面发挥着巨大作用，其特有的教学效果是现代教育技术不可替代的。

现代教学手段以信息处理的高速度、高容量、多媒体和交互性，极大地提高了教学效率，这就从根本上改善了高职英语教学的环境，可以极大地丰富传统的教学手段，二者互相补充、扬长避短就可实现教学手段的优化整合，为英语教学提供新思路，从根本上解决传统教育中存在的问题。

第三章 信息化背景下高职英语教学改革路径研究

第一节 信息化背景下高职英语教学的现状及应用

现如今，信息化教学已经成为必然趋势。在高职院校教育改革与发展中，结合网络平台、多媒体以及远程教育等现代信息化技术，进一步推动学校教育教学的信息化建设是重中之重。对于高职英语教学来说，需要在信息化背景下实现高职英语教学的优化与创新。本节就信息化环境下高职英语教学现状及应用相关内容进行分析，指出信息化环境下高职英语教学的信息化应用策略，为高职英语教学活动的顺利开展提供一定建议。

一、信息化环境下高职英语教学的发展趋势

随着高等教育人才培养发展战略的变化，我国教育改革开放事业蓬勃发展，目前高职院校对学生英语语言综合应用能力的培养和重视力度是远远不够的。有的学生英语基础不好，课堂学习效率不高，难以跟上班级大部分学生的英语学习进度，无法熟练运用英语语言。久而久之，学生就会失去学习英语的兴趣，出现自暴自弃的厌学情绪，在之后的英语学习中更是会出现不理想的情况，更不用说培养学生英语实际运用能力和英语交际能力。

在信息化环境下，高职英语教学应当明确学科特点，明确人才培养目标，

教师要利用先进现代教学手段，使英语教学内容和理念都能得到充实展现与有效表达，从而全面提升高职英语综合教学质量与教学效率。在信息化环境下，高职英语教育模式要结合新时期信息化条件，充分体现出丰富教学情境中相关教学策略和教学方法的创新，有效应用现代化信息技术，实现高职英语教学和现代信息技术的有效整合，推动高职院校英语教学的进一步改革，加快高职英语教学中人才培养目标的实现。

二、信息化环境下高职英语教学应用探析

对信息化环境下高职英语教学应用来说，主要可通过建立信息化学习平台、创造信息化教学环境、强化教师信息化培训以及实施网络辅导等方式开展教学活动，以发挥出信息技术的优势作用，激发学生英语学习兴趣，调动学生在英语课堂中的学习热情与学习积极性，使高职英语课堂教学效率能够得到切实提高。信息化环境下高职英语教学应用探析，详细内容体现在如下几方面。

（一）建立信息化学习平台

建立信息化学习平台，不仅利于学生自主学习英语知识，还能开阔学生的学习视野，使学生学习到更多教材中不具备的英语知识，进而也能够使学生对英语学习的兴趣得到提升，对高职学生英语学习水平的进步尤为有利。所以，在信息化环境下的高职英语教学中，教师可积极为学生建立信息化学习平台，引导学生在该平台上深层次学习英语知识，不断在信息化平台学习中取得突破与进步，并自主去挖掘英语知识的深层次内涵，进而强化学生理解英语知识的能力，使学生能够在平台的帮助下，取得英语学习成绩的进步。

高职英语教师应善于借助信息技术将诸多学习资料与素材上传至信息化

学习平台，以便于学生寻找英语素材与资料，帮助学生更好地学习英语知识。再者，教师也可上传一些习题、仿真模拟题以及听力稿，让学生能够在该学习平台自主进行习题训练，使学生的主动性得到提升，且通过这种方式也有助于高职学生增长知识，强化学生记忆英语知识的水平，从而推动高职学生英语学习水平的快速提升。

（二）创造信息化学习环境

学习环境对学生学习成效的影响是非常大的，好的学习环境，能够增强学生内心的愉悦程度，进而能够在学习中感到快乐；而沉闷的学习环境，会让学生感到英语学习枯燥乏味，进而产生对英语学习的排斥心理。可见，环境对学生学习的影响不容小觑，所以，高职英语教师应善于为学生创造良好的学习环境，更好地提升学生在英语学习中的积极性，使学生融入教师所创造的学习环境中，与同学共同探讨、分析英语知识，形成互帮互助的学习氛围，从中获得更多有益的知识。

对此，在信息化环境下，教师可为学生创设信息化学习环境，吸引学生参与。教师可借助信息技术，将英语知识以直观、生动的形式放映出来，带领学生在课堂进行观看，让学生在观看的过程中，落实对英语知识的初步认识，然后针对这些认识，引导学生探讨。如此势必能够强化学生对英语知识的理解，加深学生对英语知识的记忆，提高学生运用英语知识的能力，使高职学生能够在英语课堂的学习中取得显著进步。

（三）强化教师信息化培训

强化教师信息化培训，一方面，应先根据教学过程中教师运用信息技术的实际情况进行有效培训，特别是要根据教师运用信息技术时出现的普遍问题来实施培训，以保障培训的有效性，进而凸显培训成效。另一方面，也可开展评比活动，评比教师的学习成果，这样不仅有利于激发教师的参与热情，还有利于更好、更快速地提升教师信息技术水平，使教师能够在教学实践中，科学运用信息技术。

（四）实施网络辅导与指导

在信息化环境下的高职英语教学中，也能实施网络辅导与指导。传统的高职英语教学都是以课堂授课的形式来进行的，学生只能坐在座位上聆听教师讲述英语知识。这种教学方式有优点，但也存在不足，如课堂变通性与灵活性较低，对相关资源与素材的寻找也较为缓慢。所以，在现阶段高职英语教学期间，教师应善于运用信息技术实施辅导与指导。学生在实际学习中，遇到难题可及时借助信息技术寻求教师的帮助，以快速解决难题。再者，教师也可划分出几个网络小组，让学生以小组的形式在网络环境中共同探究英语知识，这种方式不仅利于激发高职学生学习英语的热情，也能够使高职学生的探究能力以及思考能力等获得提升，对高职学生长远发展十分有利。

第二节 信息化教学环境下的英语学习模式

一、信息化英语学习的特点

信息化学习与传统的课堂面授学习有所不同，它不受时空的限制，是利用多媒体技术和互联网信息技术、基于资源和活动的学习，有着自主性和交互性的特点。信息化学习不再有固定时间和地点的要求，在互联网急速发展的情况下，学习者只要有一部手机就可以在任何时间、任何地点进行学习。这一点在英语学习方面尤为重要。我们知道，英语学习主要在于模仿和学有所用，因而需要大量的时间进行练习。这一点在传统的课堂教学中难以实现，因为，现在的英语课堂上学生的数量较大，教师在教学中无法让每个学生都得到英语训练的机会，学生在课堂上多数时间都在理解教师及课本传授的知识，也没有时间进行英语的训练。但是，通过手机这一信息化工具，学生可以把教师上课的内容及课本上的知识存入手机，在课后进行练习。另外，在课后，学生也可以利用手机进行英语的复习。

信息化学习也是基于多媒体资源的学习。信息技术的发展为教师提供了丰富多样的教学资源，包括音像制品、网络教学资源、教学课件等。这在英语学习中带给学生更加直观的感受，促进了学生对英语的学习。信息化教学可以使师生之间、生生之间形成有效互动，教师在教学时可以和学生采用网络对话、交流的方式，学生在学习时也可以随时向教师提出问题。同时，信息化教学也可以让学生进行在线自主测试。信息化学习也是一种开放、自主的个性化学习，它以学生为中心，学生可以按照自己的要求和目的制订相应的学习目标、选择相应的学习内容，自己对学习的时间和地点进行安排。

二、对信息化英语学习产生影响的要素

（一）学生相关的要素

信息化课程学习的特征是以学习者为中心，也就是说，学生自己的学习是成功与否的重点。尤其对于高职英语这种自主学习的课程而言，学生自己的学习行为和特点对信息化课程的有效学习有着决定性影响。学生首先要对自己英语的水平有清醒的认识，要清楚地知道自己的薄弱之处及需要加强的地方。只有这样，在信息化学习的过程中，才能有针对性地利用信息化这一手段解决问题，训练自己的英语能力，提高自己的英语水平。从某种程度上

来说，这提高了信息化课程应用的效率，提升了学生信息化学习的效果。

（二）教师相关的要素

教师是信息化课程的主要实施者，在很大程度上影响着信息化课程的应用效果。在信息化英语课程教学中，教师是提供各种英语学习资源的主导者，利用信息化这一手段教授学生如何进行英语的学习。这不仅包括在课堂上采用信息化手段和方法提升教学效果、促进学生英语能力的提高，还包括上网查找适合的学习资料，教导学生如何在网上进行英语的交流、完成教师布置的各项学习任务、提交自己的作业等。教师若只给学生提供一些相关的视频或动画等信息化的内容，学生是不能较好地完成英语学习的。教师需要根据学生的学习特点设计出合理、有趣的任务，并提供完成任务所需的学习资源（教材、微课和其他资源），才能引导学生逐步完成任务，同时达到英语学习的目标。因此，针对教师的这些要求，对于学生英语信息化学习的效果有着极大的影响。

（三）信息化课程相关的要素

信息化英语课程学习的效果与信息化课程本身有着极大的关联度。在信息化课程的课堂教学中，教师从传统课堂的知识传授者变成了学习的促进者和指导者。在课堂中，学生成了学习过程的中心。在英语的学习中，他们需要通过参与具体的英语活动来建构英语知识。信息化课程能全面增强课堂的互动性，具体表现为学生与学生之间、教师与学生之间的互动增加了。当教师由内容的传授者变为指导者时，学生成为学习的主体，教师利用信息化教学平台组织教学活动，指导学生发展他们自己的合作学习小组，让学生互相帮助、学习和借鉴。在信息化课堂里，学生进行主动的自主学习，教师进行针对性的个别指导，教师可以高效地为学生提供丰富的学习资源，学生也可以在网络资源中获取自己所需的知识。这些都提升了信息化英语课程学习的效果。

（四）学习环境相关的要素

学习环境可以给学生提供丰富的资源去探索、发现和建构知识。信息化的学习环境，也就是数字化的学习环境。这种学习环境经过数字化信息处理，具有信息显示多媒体化、信息网络化、信息处理智能化和教学环境虚拟化的特征。信息化学习环境的基础是多媒体计算机和网络化环境，其中最为核心的功能是数字化的信息处理。信息化学习环境的组成要素包括基础设施、信息化学习资源、信息化学习平台与工具等。

1. 基础设施

基础设施主要包括多媒体计算机、多媒体网络教室、校园网络、因特网、语音室、电子阅览室等，这是进行信息化教学与学习的基础，是信息化进一步建设和发展的必要物质条件。

2. 信息化学习资源

信息化学习资源是指经过数字化处理可以在多媒体计算机上或网络环境下运行的、可被学习者利用的一切多媒体材料。信息化学习资源包括数字视频、数字音频、多媒体软件、网站、在线学习管理系统、在线讨论、数据文件、数据库等。

3. 信息化学习平台与工具

信息化学习平台与工具包括通信工具（E-mail）、聊天室（Chatroom）、留言板、QQ、微信及网络在线学习平台等。所有这些因素都属于信息化课程的学习环境因素，它们对于信息化课程的学习效果有着不容忽视的影响。

(五)信息化测试方式要素

对学生英语能力进行测试的方式也直接影响着学生信息化英语学习的效果。当前的纸质考试或过级考试已经无法满足学生个性化学习的要求,也忽视了对学生英语应用能力的培养。因此,利用信息化手段进行以英语能力培养为目的的测试才能提高学生英语学习的有效性。比如,教师把考试的重点放在语言的应用方面,使学生明白他们学习英语的目的;每周布置课外任务,让学生通过在线教学平台完成,教师在线进行点评,给出分数,并计入最终的考核,以此提示学生注重自己英语综合能力的培养。同时,教师还要引导学生对每周的任务进行总结,查漏补缺,促进其英语综合能力的提高。

第三节 信息化教学环境下的英语教学方法

一、高职英语教学信息化的未来发展

互联网技术的迅猛发展使其在各行业、各领域得到普遍应用,同时也促进了教育信息化的发展。随着国家对高等教育投入的不断增长,教育信息化发展成为教育改革的必由之路。教育信息化主要是指在整个教育领域全面深入地利用现代化信息技术来推动教育改革和发展的过程,即将计算机、多媒体、网络通信等资源应用于教育教学。教育信息化改革的目的在于实现教育的现代化发展,进一步推进教育改革,更好地实现教育目标。

信息技术是现代应用技术中的典范,依托信息技术所形成的互联网技术、多媒体技术、云计算技术、大数据技术等先进的技术手段,都已经应用到教学环境中,为教学工作提供服务。高职教育是我国职业教育的中坚力量,强调职业人才能力的培养。因此,教育教学工作的开展必须从实用性和就业能

力角度出发。笔者在关于高职教育教学工作的研究中，提出了关于人才培养中职业能力素质培养的理念，要求教学工作者目光长远，具有与时俱进的清晰判断，了解社会需求和就业认知，从而确定对于高职学生的培养策略。学生在学习中同样应当对职业能力、职业素养进行自我要求和自我审视，并以此为基础开展学习和探究工作。

相较于传统课堂的教学模式，现代信息技术应用下的高职课堂教学与学生的职业规划和能力应用能够进一步接轨，从而帮助学生和教师从就业视角出发，明确能力和素质培养的基本方向。例如，先进的数据技术可以将社会当中对于人才能力的需求和具体的工作环境以十分逼真的方式进行展示，促使学生在学校学习期间就可以充分了解当前国内外的就业形势和就业环境，并以此来要求自己形成客观、理性的职业规划。英语作为信息时代和网络技术的主导语言，站在了时代前沿。利用信息技术改变传统的高职英语教育，形成全新的教学和学习方式，大力提高教育、教学效率，培养具有创新精神与实践能力、适应信息时代知识经济要求的高素质人才，是对现代高职英语教育提出的新要求、新目标。

高职英语教学信息化要求在充分的信息技术条件的基础上，教师有效利用现代信息技术和信息资源，深刻了解英语教育的本质，透彻掌握教学的重点、难点，合理设计教学，以实现英语教育目标，培养学生的创新精神与实践能力。高职英语教育信息化具有以下完全不同于传统教育的特征：

第一，教材多媒体化。声、光、电、图、字的综合运用使脑、眼、耳、手协调运作，使英语的音、义、形统一作用于学生。

第二，资源全球化。信息资源跨越时空界限，直接作用于学生。

第三，教学个性化。学生针对个人需求，制定个人学习菜单。

第四，学习自主化。学生随时随地想学就学，可以自由安排学习。

第五，活动协作化。局域网技术使得学生互相协作，共同完成任务。

第六，环境虚拟化。可以直观生动地再现语言使用环境。

高职英语信息化教育必将改变教与学的理论和实践，使课程结构、学习方法、教学方法、评价方式等各方面发生巨变。其具体内容包括以下四个方面：

首先，多媒体教学充分发挥了人机互动的显著优势。视听合一，形成新的图文并茂、丰富多彩、生动形象的教学内容，能有效激发学生的学习兴趣，引起学习欲望，形成学习动机，发挥主观能动性；能够根据个体能力设置培养目标，融合多方需要，合理分配听、说、读、写、译教学要求，形成个性化、针对性、一体化的电子教材；能够跟踪学生学习进程，了解其学习质量，从而有效组织、管理教学。

其次，网络教学是继CAI(Computer Aided Instruction)之后的必然趋势，能够节省大量人力、物力、财力，实现英语教育的普及。对学生而言，互联网平台是训练英语能力，特别是听说能力的最简单、最实用的方式。

再次，利用计算机进行教学评价不仅能够了解学生的学习结果，还能够了解学生的学习过程，并及时解决过程中出现的问题，是教与学的双向评价。同时，它还能将课堂传授知识的原有观念转变为引导学生、培养自主学习能力和实际应用能力的新观念。这就要求教师必须摒弃原来的"题海战"以及重考分轻能力的被动教育理念，英语教师应该教会学生"用"英语，而不是"考"英语。

最后，加强信息技术与英语课程的整合。在信息时代，信息就是力量。信息技术与课程的整合毫无疑问将会增加英语课程的魅力和吸引力，要把信息技术、信息资源、信息方法与英语教学内容、教学目的、考试评价、能力培养结合起来，使信息技术为教学服务，兼具培养学生获取信息和应用英语的能力，从而促进传统教学方式的改革。

总之，中国步入信息化时代后，以电脑、多媒体和网络技术为代表的现代信息技术开始普遍应用于各层次的教学领域，新型的信息化英语教学模式也开始应用到日益发展的高职英语教学中，给传统的英语课堂注入了新的活力。在新型的教学模式下，教师在现代教育思想和理论的指导下，借助现代信息技术来组织教学活动。不同于传统教学模式，信息化教学可以充分利用现代教学技术手段的支持，运用各类教学媒体和信息资源，为学生构建一个良好的学习环境，从而构建优质的教学课堂。

二、信息化教学方法的特点与未来

信息化教学是一种培养综合能力的教学方式。信息化教学的特点是：信息资源永远开放；传播媒介多向交流；传递系统是多媒体的；知识是跨越时空限制的。这些特点决定了网络环境下的英语教学过程具有以下特点：开放性与全球化；学习过程的交互性；学习内容选择的自主性和个性化；内容形式的多媒体化。这恰恰符合人本主义和素质教育的宗旨。这也说明，网络环境下的英语课堂一旦组织起来，必然带有松散性、不确定性、难控制性，在不脱离学校模式、班级模式的课堂形式下，这种教学设计的确是一种前所未有的尝试。

英语信息化教学在要求学生学好英语课的同时，也要培养学生的信息化素养，提高学生的网络技术水平。这样，学生在毕业时就会在信息化素养、创造性思维的发展方面得到很大提高。

当然，任何一个新生事物的诞生和发展所经历的道路都不会是平坦的，总会遇到各种各样的困难和问题。在试验中发现，传统教育无论是在教育理念、课程设计上，还是在教学方法、教学评价上，都是一个非常成熟的教育体系。近代教育理念虽然使其变革了许多，但没有从根本上改变班级讲解授课制，因而它的历史惯性仍然很大。

首先，信息化教学遇到的问题是如何准确地评价信息化教学的成绩，其中包括学生的文化课成绩、综合素质能力、信息化素养、道德品质，教师的教学能力、文化素养、师德以及敬业精神等，这直接影响到学生的升学和教师的评教问题。

其次是教材问题。整合课要求打破各学科间的界限，而且大部分知识来自教材以外，因而，教材和资源的衔接具有跳跃性，学生很难把握，学科系统将被打乱。目前，多数学校的英语学习都是以现行教材为主，而现行的教材呈多样化。信息化教学的特点是以单元教学为主，而不是以课为教学单位，迄今为止还没有相应的教材，这就给教师讲课带来很大的困难。

最后，信息化的英语学习不仅要有硬件，而且必须要有好的软件。目前，英语学习方面的软件还是太少，好的软件更少，大部分都是以题海战术为主。另外，掌握信息化教学并不像操作录音机和录像机那么简单，它需要教师掌握一些计算机操作知识和具备相应的网络知识，而这些知识并不是两三天就能学会的。这也制约了网络信息化学习的应用。

虽然有诸多问题和困难，但是计算机的发展依然在改变着人们的文化观念，同时对英语学习也产生了巨大的影响，这是任何一种传统的英语学习方法都无法比拟的。作为一种全新的教学模式和手段，信息化教学受到学校和社会越来越多的关注，也必将给传统的学校教学带来巨大的冲击和深远的影响。

三、信息化教学模式

对高职英语信息化教学模式的探索，可以围绕以下五个方面展开：

（一）利用大数据进行的教学工作

大数据技术作为一种巨量数据的整合分析技术，在高职英语教学中能够帮助教学工作者解决以往高职教学开展过程中存在的教学理念的矛盾。教师运用大数据技术进行全新的课堂整合，能够有效实现高职英语教学中理论教学和应用教学两个教学方向的教学内容的合理搭配，进而实现在合理的范围限度内提高教学水平，最终达到培养应用型人才的教学目的。

以《E时代高职英语教程1（第二版）》[①]Unit 1 Amazing Travel 为例，这一单元的教学内容主要是通过英语文字向学生介绍出行旅游的方式与各种风景名胜，教师首先对课程内容进行审视，了解课程内容是以英语环境下的文化背景和社会生活为教学重点，目的在于让学生开阔眼界，形成对于英语文化环境下社会生活的基本认知。因此，在进行教学设计时，教师就可以将语音、词汇、语法等教学内容放在次要位置，而将文化习俗介绍放在主要位置来开展教学工作。在大数据技术的应用之下，教师能够帮助学生进行课程内容中社会生活的探索，学生在教师的引领之下，通过数据网络对课程当中所涉及的出行方式及其特征进行总结和归纳，并利用数据分析方法判断出某一种出行方式的使用频次和使用范围，最终实现对于不同文化背景下社会生活方式的准确判断。

（二）慕课教学

慕课（MOOC，Massive Open Online Courses）平台是现代信息技术与

---

① 陈杨，潘世英. E时代高职英语教程[M]. 北京：外文出版社，2019.

教育资源相互融合的一大产物，同时，也是现代教学工作开展过程中可运用的重要资源与手段。高职英语教育引入慕课资源能够有效解决以往教学与实践相互脱节的问题。

在课堂教学环节中，教师可以通过备课预先完成慕课平台相关资源的检索，并将这部分教学资源作为自身教学工作的补充。为了使教学与能力培养、实践水平提升相结合，教师可以尝试检索与英语应用场景相关的慕课资源，以此来丰富课堂教学内容，激发学生的探索动力。与此同时，慕课资源还可以帮助学生提高自主学习能力。高职院校的学生在投入工作后，必然需要用到英语听、写、译等方面的能力，而听力能力则是学生在日积月累中所形成的。慕课平台中有大量的英语听力资源，这部分资源既包含传统的英式英语的发声方法和技巧，又包含美式英语的特点。学生在进行听力训练时，可以充分利用慕课资源，对不同国家的英语发声方法进行总结和辨别，最终提高自身英语听力能力。对于学生来说，听力能力在今后的职业发展当中至关重要。

（三）网络学习平台

英语教师应当在网上为学生创建信息化英语学习平台。该平台不仅要为学生提供高职英语相关考题，还要介绍英语国家文化（尤其是英语外圈、扩展圈的国家文化）、风土人情、热点英语新闻，让学生开阔眼界、增长知识，培养学生的英语学习兴趣。创建英语网络平台可以使师生围绕一个课题开展教育与学习，进行平等交流与自主互动，这就可以使以教师为核心的教学模式向以学生为核心转变。网络平台凭借丰富的课程内容与多元化的学习工具，让学生可以在任何时间、任何地点进行学习，突破了传统英语教学在时间和空间上的限制。

在开展网络平台教学时，教师必须在平台上向学生交代清楚教学的目标要求、教学内容、教学进度与考核方式。教师还要根据教学需要充分发掘、利用网络资源制作课件。教师可以根据优秀生与后进生互补的原则，把学生分成不同的学习小组，在网络平台上开展生生合作学习，这样既减少了自己的工作量，又让后进生受到约束与激励。教师还要善于将网络平台教学与课堂教学环节衔接起来，在网络平台教学时留下一些问题，待到课堂教学时检查学生的学习效果。

（四）开放式教学

语言学家对第二语言的学习进行了多年的研究，最后他们得出以下结论。

学习第二语言绝对不能"学海无涯苦作舟"，那样只会让学生受罪、教师受累，最后搞成"洋泾浜英语"。

所谓的开放式教学就是让学生抛开母语影响，真正接触外国人、外国环境，或通过模拟真实交流环境，让学生身临其境地接触外语的一种教学方式。相关研究表明，教师应当为学生营造第二语言的语境，让学生长期听、看、接触第二语言，逐渐变短期记忆为长期记忆，使学生通过自然学习学会自如地使用第二语言。研究表明，人通过阅读获得的视觉信息，能记住10%；耳朵听到的听觉信息，能记住20%；亲身经历过的事情，能记住80%。

信息化时代的本质特征是开放性，传统的封闭式教学与信息化时代是不可能互相兼容的。因此，我们主张依靠信息化技术的优势与条件，打破封闭式英语教学，实行开放式英语教学。具体来说，在条件允许的情况下，教师应当鼓励学生通过网络、视频、电话与英语国家的朋友开展英语交流，让学生在实际交流中学会使用英语。

开放式英语教学有助于高职学生将课堂中所学的理论知识运用到实际生

活中，使学生不但能够从真实交流的角度来运用英语技能，而且能在开放式环境中通过与人沟通取得较大进步。

（五）利用App软件教学

App（Application）即手机软件。如今，手机已经在高职院校实现了全覆盖，教师完全可以利用App学习软件实现课堂延伸、资源共享，开展交互式教学，促进学生进行主动式学习。在依靠App学习软件进行交互式教学时，教师需要根据高职院校及学生的实际情况开发出App学习软件，再让每个学生把该软件下载到自己的手机里。教师也可以让学生使用"百词斩"，自定义单词记忆计划，自主学习往往没有充足的时间对学生进行听力训练。因此，教师可以让学生使用"懒人英语"自主进行听力训练。"懒人英语"中有学生感兴趣的新闻、电视剧、电影，而且这些视频都配有中英双语字幕。学生可以自己选择显示双语字幕、只显示中文或英文字幕，或不显示字幕。教师也可以让学生先选择不显示任何字幕，听不明白的地方再显示英文字幕，最后自己把听到的英文对话翻译成汉语，与视频上的汉语字幕进行对比，从而提高学生的英语听力。教师还可以让学生使用"英语流利说"。这款App软件上有"商务职场"模式，可以根据学生的英语发音进行打分，从而有效提高学生的口语能力。

总之，进入信息化时代后，信息技术与教育的结合不再单纯地局限于在线课程的开发和教师的教，而是真正实现让信息技术无缝地"编织"进教学，将教师的教和学生的学全部纳入信息化环境中来。这一全新的信息化背景为高职英语教学带来了新的挑战与机遇。在高职英语课堂上，计算机、多媒体和网络等现代信息技术的应用使学生有了更多实践、应用、模拟和操练的机会，因而，他们也就成为课堂的主体。学生通过观摩情景对话、纪录短片等方式，积极进行角色扮演，模拟现场进行操作。教师从传统教学过程中的知识传授者转变为教学设计者，从知识的灌输者、主导者转变成学生学习的组织者和引导者。而学生也从传统教学中单纯地、被动地接受知识转变成主动地、自觉地学习，充分发挥学习主体的作用。这种教学模式的改变正是英语教学的改革重点，即实现"以学生为中心"的教学。

在新的教学模式下，学生的学习兴趣极大提高。信息化英语教学集声音、文字、图像、动画于一体，给学生提供了多种信息输入的渠道，把陌生、抽象的英语世界转换成一个个丰富多彩的教学情境，具体形象地展现在学生面前，使其仿佛身临其境。教学内容和教育资源实现了有效的整合，全方位地、生动直观地调动、刺激学生的感官，使每个学生都能积极参与课堂活动，有效地激发了学生获取知识的兴趣，帮助他们更好地感知和理解语言的形式和内容。教学方法实现了从传统向现代的转变，学生的学习方式由原来的"被动接受、封闭读书"变为"主动参与、探究发现、合作交流"。

在新的教学模式下，师生互动的形式更加灵活，学生的学习变得更加自主化和个性化。教师和学生、学生和学生之间可以通过多媒体、网络所提供的各种服务平台实现跨越时空的信息交流与共享以及在线的反馈。例如，教师可以通过平台进行答疑、传达任务、批改作业、检查教学效果，也可以通过网络平台共享各种学习资源。学生可以根据自己的知识基础和水平、学习兴趣来选择所要学习的内容和适合自己水平的练习，从而调动自己的内在需求。在这种模式下，优秀的学生可以向更高的层次进取，改变"吃不饱"的现象，学习暂时有困难的学生也拥有了自由宽松的空间。同时，学生的主观能动性和个性潜能也可以得到充分的发挥。

在新的教学模式下，知识来源更加丰富，教师授课不再是单一的知识来源。教师引导学生通过网络和多媒体技术获取信息和学习资料，并进行分析、评价和运用。在解决问题的过程中，学生不仅大大提高了自主学习能力和语言的应用能力，还开阔了视野，同时，形成了良好的学习习惯。教师也可以利用语音室、多媒体教室组织学生观看英美原版电影、电视剧，让学生体验原汁原味的英语语言，了解英语国家的社会文化和习俗，在真实的语言环境里提高学生的听说能力，从而进一步激发他们学习英语的热情。

在信息技术发生深刻变革的今天，高职英语教育越来越紧密地与信息技术结合在一起，传统的基于读写的英语教育已经无法满足社会发展的需要。如何围绕新的高职英语教育目标改革传统英语教学与学习评价模式，已经成为高职英语教育界需要认真思考的课题。

第四节　新媒体时代高职英语信息化教学的应用

新媒体拓宽了学生的知识面，也冲击了传统的高职英语教学。在这种情况下，信息化教学对保障高职英语教学效果有重要作用。本节通过分析新媒体时代信息化教学在高职英语教学中的预期作用和应用，对信息化教学过程中存在的问题提出了解决策略和创新思路。

一、信息化教学在高职英语教学中的预期作用

（一）激发学生的学习兴趣

新媒体时代，学生每天都能接触到丰富多彩的信息。高职学生的自主学习意识相对较弱，在这种情况下如果英语教学枯燥呆板则很难引起学生的学习兴趣。任何学习都是兴趣先行，所以新媒体时代的高职英语教学要充分利

用信息化手段，以此提高学生的学习兴趣。高职学生相对重视与职业相关的专业课程，对文化课重视程度低，尤其不重视外语。将信息化教学应用于高职英语教学中，增加了多媒体元素，有助于激发学生的学习兴趣。

（二）引导学生自主学习

新媒体时代，琳琅满目的信息既影响了学生对信息的判断，又为学生提供了必要的学习资源。在高职英语教学中使用信息化教学手段，可以在教学内容和教学形式上与新媒体领域的英语教学接轨，从而起到用英语课堂引燃学生学习热情、引导学生自主寻找学习资源的作用。

（三）辅助扩充教学容量

高职英语课时相对较少，在有限的时间内，教师要尽可能扩充教学容量。然而，在黑板上罗列大量教学内容的结果是师生都很累，并且无法取得预期的学习效果。将信息化教学手段应用于高职英语教学，可以通过图片、文字、视频、音频等多种方式来丰富教学内容。

（四）多元教学同步进行

在传统教学理念下，英语教师会让学生死记硬背英语单词、词组和语法，用这种方式教学，效果不尽如人意。在以学生为本的教学理念下，学生的主体作用凸显，按照学生可以接受的方式来开展教学活动变得非常重要。高职学生大多是未能考上高中或高中成绩不理想的学生，这些学生对常规的文化课教学接纳和吸收程度不佳。将信息化教学手段应用于英语教学，可以充分利用互联网资源，让学生师从百家。同一个知识点，不同的教师有不同的教学方法。教育学相关研究结果显示，同一个知识点在不同的场景出现 7 次，一般就可以被永久记住。所以，教师可以用多种信息化教学手段来讲述同一个知识点，满足不同学生的需要并加深学生的记忆，提高教学效率。

（五）与时俱进课后延伸

新媒体时代，微课已经成为课后学习的常见方法。高职英语向课后延伸是非常有必要的，既可以增加隐性英语教学课时，又能敦促学生课后复习。一般情况下，高职英语课后作业的完成情况不太理想，学生对纸媒作业普遍比较抗拒，而充分利用信息化技术，可以让作业变得多样化。课后作业的主要目的是巩固或者复习，微课等形式的信息化作业方式能够提高学生的作业完成率。

二、高职英语信息化教学的创新策略

（一）加强学校信息化教学的硬件设施

学校要想推进信息化教学，硬件是关键。第一，未实现信息技术覆盖课堂的高职院校要尽快实现全面覆盖，已经实现全覆盖的高职院校要进行升级更新。第二，教师的办公室除了要提供必要的计算机和互联网，还要提供相应的数字图书馆中的教学资源。第三，学校信息化资源要有移动客户端，或者可以在微信上登录使用。总之，力求使教师和学生可以在家享受学校的网上教学资源。

（二）改进教学评价，培训教师的信息技术能力

信息技术应用于高职英语教学的效果不理想，归根到底是教学评价未对教师起到驱动作用。因此，学校应不断完善教学评价体系，并组织培训以提升教师的信息技术能力，使教师可以灵活运用互联网上的资源，并将其整合成自己上课的辅助素材。总之，教师的核心能力决定了信息化教学水平。

（三）创新公开课，优化教学模式

新媒体时代，教育必须与时俱进。第一，创新公开课可以将高职英语教师的信息技术化水平公开，在比较中找到差异，在缩短差异中成长。高职英语公开课，既是英语学习的殿堂，也是信息技术能力表演秀。第二，新媒体时代，学生和教师都能接触到自媒体，教师可以将自己的公开课放到个人主页上，通过教师的粉丝数量，可以看到学生对教师英语教学的满意度和认可度，可以促进教师自我成长和改进，有利于教师设计出更好的英语教学活动，更好地服务高职英语教学。总之，要充分利用信息技术提高教学品质，利用新媒体的宣传和影响力促进教师创新教学活动。

（四）创新各类比赛，激发学生的学习兴趣

利用信息技术资源开展各类英语技能比赛，在比赛中反思英语教学成果。将各类比赛发布在新媒体平台上，提升比赛冠军的荣誉感和知名度。充分利用新媒体的迅速传播作用和强大影响力感染其他班级和学校开展类似活动。校内和校际的比赛频率增加，促使教师提高教学质量，激发学生的好胜心和荣誉感，进而更好地学习。

高职英语教学运用信息化手段是新媒体环境下的必由之路。随着新媒体的发展，学生的社会背景知识增加，思想更加丰富，如果教师还使用传统的教学素材，会受到学生的挑战。因此，高职英语教师需要提升信息化应用能力，丰富教学内容，改进教学模式，实现课上教学与互联网资源接轨，让高职学生将英语掌握得通透，运用得灵活，从而有效辅助学生未来的职业发展。

第五节　信息化环境下高职英语微课教学的应用

目前，微课在我国的实际教学过程中得到了较为广泛的应用，这种教学的发展依赖当前高度发达的信息技术。根据笔者的经验以及相关的研究结果来看，学校领导以及当地教育部门应当加强对英语教育的重视程度，这样可使高职教育英语教育质量得到较大的提升。

时代在发展，当前人们对于教育事业投入的关注度也逐渐上升，这不仅体现在我国的各种科技领域，也体现在对高职学生的英语教育方面。高职教育中的英语教育是教育领域十分重要的部分，对提升学生素质有着较大帮助。而笔者在进行实际调查的过程中发现，当前很多高职院校对英语教学不是特别重视，并且缺乏专业的英语教师，这对英语教育的传播以及发展极为不利。再者，传统的教学方式已经不能满足实际的教学需求，因此，在进行实际的教学过程中引入信息化教学手段是十分必要的。

为了更好地了解微课在高职教育英语教育课程中的作用，需要对其概念进行一定的分析。与传统教学方式相比，微课给学生提供重复性学习的机会，学生可以对没有听明白的部分进行重放，这就使学生的学习质量得到较大的提升。并且随着微课的逐步推广，教师和学生也比较容易接受这种教学方式。当前的高职教育英语教学无法使学生真正地感受到英语的魅力，为了使学生能够在学习英语的过程中逐渐提升自己的审美意识，教师应该对教学方式进行一定的改革，使学生对英语产生兴趣，进而提升学生的审美意识，促进我国信息化高职教育教学的进步。

高职教育教学的培养目标就是使学生熟练地掌握某项技术，因此不同专业的课程项目存在较大差距。由于高职院校设置的课程多以提升学生的实际操作能力为主，而英语课的学习并不会直接提升学生的专业技能，因此，使很多学校对英语课的教学没有投入较大的关注，英语教师的教学压力较大。

一、在高职教育英语教学过程中采用微课教学的作用

高职教育教学应该将以技能培训作为主要目标调整为以促进学生的综合发展为主要目标。单单培训学生的技能不能保证学生的全面发展，因此，应该对学生的品格以及学习能力培养多加重视，而微课就是为实际学习难度较高的部分专门制作的视频。学生可以利用这些视频在实际的学习过程中对这些知识进行重复的学习。这种学习不受到场地以及时间的相关限制，这对学生课后进行自学有着较好的效果。由于在微课视频的制作过程中，会增加一些课外的东西来帮助学生进行知识的理解，这也会使学生对于知识的学习兴趣在一定程度上得到提升。

二、微课在高职教育英语教学的具体实施

在英语微课准备以及演示文稿的制作完成之后，教师需要根据前期的成果详细授课，授课是将前期准备完全输送给学生的一个十分关键的环节。教师在利用英语微课进行讲解时，不要一下将全部英语教育知识展现在学生的面前，而要尽可能地对学生进行引导，使学生在教师的带领下通过自己的思考，享受探索新知识的过程。特别是挑选课堂中需要讲解的习题时，教师不仅应该尽可能地选择具有代表性的习题，通过这些习题使学生更加了解前面所讲的内容。在进行实际的教学时，教师不仅应该注意自己的语言表达，也应该注重培养学生的思考能力。与传统教学方式不同，由于在进行课堂教学的过程中，教师需要对全班的同学负责，就不能使学生对每个部分的知识都

有较好的理解。一般课堂都是根据过去的教学经验对课程体系中的重点以及难点进行着重讲解，但是由于学生之间存在着较大的差异，这就使学生在学习的过程中可能会存在与其他人不同的学习难点。而微课不仅会总结课本的内容，还可以在网上对学生的疑问及时解答。当学生对某个部分的知识有了更加详细的了解之后，就会增强其自身在学习方面的自信，在一定程度上也会使学生学习英语的积极性得到较大提升。

三、在进行英语教学之前进行课前自学

进行实际教学之前，需要学生提前对相关的教学知识进行预习。学生可以提前登录学校的教学平台，查看教师在教学平台发出的相关的学习任务，教师可以将其课前自学的内容分为以下几个部分：看一段视频；读一本与相关知识有关的书，查找相关资料；对前期的学习进行一定的总结。

在进行实际教学的过程中，学校应该充分地认识到英语教育对学生各项综合能力提升的重要影响，因此，应该招聘更加专业的教师。在教学之前，教师应当协助学生制订英语学习计划，并且在后期实行的过程中发挥监督、鼓励作用。另外，学校应该加强相关英语设施的完善，如多媒体设备。在实际教学中，教师可以鼓励学生亲自在英语多媒体设备上进行操作，从而提高学生对英语多媒体学习的兴趣。分析相关调查数据可知，学生普遍对英语喜剧感兴趣，并且喜剧的表现形式更加综合，这是学生学习英语知识的好机会。在进行英语教学的过程中应该尽可能地培养学生的学习兴趣，让学生能够在快乐的学习环境中提升自己的英语素养。

经验丰富的教师可以根据学生的情况来控制上课的节奏。如当学生英语表达存在问题时，教师就可以引导学生在脑海中想象，鼓励学生发言，之后

通过英语多媒体，使学生跟随教师的教学节奏对英语形成更加深刻的认识，在此过程中学生的审美情趣也可以得到较好的培养。

综上所述，高职院校需要把完备的信息化教室作为建设的重点，紧跟国家发展趋势，充分考虑教育教学发展的需要，做出长远的打算。高职院校的教师团队要注重平日的积累，通过教研活动、教学研讨等多种方式扎实做好每门课程的教学设计，思考切合实际的信息化教学方式，借助信息化教学手段，利用创建优质课程、精品课程等多种平台，提升实际的教学水平。将英语微课引入高职教育英语教育教学中，能弥补传统教学方法的弊端，发挥现代信息技术的优势。高职教育英语教师要想将英语微课科学、合理地应用到教学中并收到理想的效果，还需改变观念，突破传统，大胆尝试和创新，做到根据学生实际需求来构建英语微课教学新模式，进而促进学生的全面发展。

第六节　信息化教学在高职英语课堂中的应用

基于信息化课堂教学具有突破时空限制、最大限度地发挥学生主观能动性的优势，本节论述了信息化教学的必要性、定义、内涵及理论基础，结合高职英语教学实践，采用"互联网+"新思维，基于多媒体、网络化教学平台、云技术等信息化手段，探索高职英语信息化课堂教学的应用模式。教学实践研究表明，信息化教学手段能够活跃课堂气氛、提高英语课堂教学效率、激发学生的能动性和求知欲、优化学生的认知过程，从而增强高职英语教与学的实效性。

随着现代信息化的迅速发展和国家对职业教育创新改革的重视，信息化教学模式正逐渐应用到各大高职院校教育教学中。但目前，仍有部分高职院校在英语教学中采用传统的教学模式。高职英语信息化教学是指高职院校根据自身发展的实际需要，将现代教育技术理论和信息技术手段融入高职英语行业化教学实践中，通过对教与学及相关资源的设计、开发、利用、管理和评价，实现教育教学资源优化的过程。将信息化教学应用于高职英语教学，不仅可以为学生提供丰富的英语资源、创设仿真的语言情境，而且可以鼓励学生自主学习及自主探索。信息化课堂教学作为一种全新的教学手段，有着传统教学所不具备的优点，可以有效解决高职英语教学困境，激发学生的学习兴趣及提高其课堂参与度，促进高职学生英语综合水平的提高。

虽然信息化教学时代已经来临，但很多高职院校仍采用传统的课堂教学模式，以讲授为主，学生被动接受。高职院校学生的英语基础本来就薄弱，学生缺乏学习兴趣、信心及主动性，课堂气氛沉闷。加之合堂授课，使原本就基础薄弱的高职学生更加讨厌学习英语。在英语课堂教学过程中应用信息化技术，为英语教学注入了新鲜血液，激发了学生自主学习的兴趣和学习热情，让学生由被动接受变为主动学习，大幅提高了英语教学效率，突出了英语教学宗旨，对于实现教学目标、优化教学过程都具有重要的意义。

一、信息化教学的理论基础

（一）信息化教学的内涵

信息化教学是指教师在课堂教学中，以学生为中心，对教学的各个环节运用系统方法，合理地使用现代化信息技术完成教学过程的设计，以更好地优化资源配置的过程。信息化教学可以创设形象直观、生动有趣的学习情境，使课堂教学更加生动形象。信息化教学是一种创新的教学模式，是高职院校课堂教学改革的一项重要举措，能够合理地配置、共享资源。信息化教学是当今高职院校教育现代化的基本要求，是一种必然趋势。

（二）信息化教学的理论框架

信息化教学源于三大理论基础，即建构主义、多元智能和系统科学理论。结合高职院校学生的培养目标、英语基础和学习特点，建构主义学习理论可以较好地指导信息化环境下高职英语教学和学习的改革实践。建构主义理论兴起于20世纪80年代末，注重"知识建构"，认为学生是信息加工的主体，是知识的建构者。知识并非通过教师的传授和灌输"习"得，而是学生在仿真情境下通过合作、探索主动构建"悟"得的。这一理论彻底颠覆了传统的以教师为中心的教学模式，教师不再是教学的主体，而是教学的组织者和引导者，学生才是主体。不难看出，这一理论与信息环境下高职英语教学改革的目标一致，较适合用于指导信息化教学的实践。

二、在高职英语课堂中的应用

下面笔者将在建构主义学习理论指导下，采用任务型教学模式，以《应用型技能英语职场篇》[①]"Unit 1 Job Hunting"为例，谈谈如何在课堂教学中使用多种信息化手段丰富课程内容，强化教学效果。

（一）学情分析

本次课程的教学对象为某校管理系集运专业一年级学生。这个专业学生英语水平参差不齐，整体基础相对薄弱，阅读能力明显高于会话能力。学生毕业后，大都会从事国际船员相关行业，对英语会话能力要求较高，因而学生对英语学习较为重视，但缺乏正确的学习方法。

---

① 平晓美，马山虎.应用型技能英语 职场篇：教师参考书[M].北京：电子工业出版社，2017.

（二）教学任务

本单元话题分为面试建议、面试常见句型和职业文化三个方面。本节课选取前两部分作为主要教学内容。课堂上注重英语语言技能与人文素质的培养有效融合，让学生在行动学习中感受面试的场景，以便为将来的就业面试做好准备。

（三）教学目标及重点、难点

根据《高职高专教育英语课程教学基本要求》中对高职人才的培养目标，笔者将教学目标细化为三个方面：语言知识目标、学习技能目标、情感态度目标。

语言知识目标：掌握面试中的一些注意事项，面试常用的词汇及表达方式（面试中常出现的一些问与答）。

学习技能目标：能够运用一些面试中常见的表达方式进行模拟面试。

情感态度目标：在未来工作面试中，能够增强用英语面试的自信心，并为就业面试做好准备。

教学重点、难点：教学重点为面试中的注意事项及面试的常用句型，教学难点为运用面试注意事项及常用句型进行模拟面试。

（四）教学的实施过程

本次课主要分为三大部分：课前任务和课程引入、课堂教学和课后任务。

1. 课前任务和课程引入

学生的课前任务分为两大类：一是自学任务，二是实操任务。

（1）自学任务。首先，教师课前划分好学习小组，要求小组成员利用英语趣配音软件，给《当幸福来敲门》中的经典面试视频配音。其次，教师上传自学资料,其中包括一个文档和三段视频。文档为面试中常见的词汇,视频为《当幸福来敲门》,学生利用资料自学词汇。

(2)实操任务要求每组学生分角色演绎电影《当幸福来敲门》,利用英语趣配音软件进行跟读和配音,同时,可以利用软件建立自己的生词本,完成配音后上传到网络教学平台,组内会显示任务完成情况,组外成员也可观看配音作品。

学生通过自学任务和实操任务已经完成了课下自学,那么上课时教师首先要进行一个课前任务的检测。一是在线检测词汇预习情况,运用问卷星网站进行当堂在线测试。测试内容为五个填空,单词全部来自课前自学任务。学生完成答题后提交平台,即时查看正确率,就学生出错率较高的题目强调相关单词。二是分享课前配音视频任务,选取一组学生配音比较好的《当幸福来敲门》这段经典面试视频进行播放,让学生观摩学习。通过此课前任务,学生已经了解本节课主题为求职,教师就可以自然地引入本节课的求职主题。

2. 课堂教学

首先,通过头脑风暴(Brainstorming),让学生说出准备给面试者提出什么样的建议。其次,通过微课学习并总结向面试者提出的8项建议,通过网络平台在线试题测试的形式,让学生巩固所学的8项建议。再次,让学生分组讨论并总结出面试中常出现的问与答,即面试中常见的句型。最后,模拟情境面试,这部分是教学效果展示。教师给学生提供两个工作岗位,让学生任选一个话题进行模拟情境面试。几分钟的准备时间后,邀请几组同学分享他们的面试。在面试过程中,要使用所学到的面试建议及面试中常见的句型,达到学以致用,巩固课堂所学的目的。

3. 课后任务

任务一：要求学生角色扮演，录像并上传至网络教学平台，如微信群、优课、慕课。通过模拟未来的真实面试场景，可以增强学生就业面试时用英语面试的信心。上传网络教学平台后，学生可以分享作品，互相评价，并从中吸取经验教训。

任务二：翻译课本中的Task3，上传至网络教学平台。此翻译任务既可以考查学生是否掌握所学知识，也训练了其写作能力。上传至网络教学平台便于教师对每个学生的作业进行仔细批改和评价。

4. 结语

本节课打破了传统英语课堂教学模式，在各个教学环节融入了多种信息化元素，提升了课堂教学的趣味性、丰富了课程内容。最重要的是综合运用了多种应用软件，如英语趣配音、QQ、微信群、网络教学平台、多媒体、云技术等信息化学习手段，使学生的主动性、学习意愿及参与度得到了明显提升。通过本节课的教学实践，将信息技术与信息资源有效应用于高职英语课堂教学，激发了高职学生的英语学习兴趣，淡化了学生对英语学习的倦怠感。当然，无论教师在课堂上使用什么样的信息化教学手段，目的都是辅助英语课堂教学、提高学生的学习质量，切不可为了信息化而信息化。教师只有将丰富的信息化技术手段同课堂教学有机结合，才能真正发挥信息化对高职英语课堂的推动作用。

第七节　基于智能手机应用的高职英语信息化教学设计

随着移动互联技术的发展，让智能手机成为有效的英语学习工具是高职英语课堂改革的必然之路。在高职英语信息化教学设计中，以智能手机为载体系统优化课前、课中和课后整个教学过程，可以体现"以人为本"的理念，突出"学做合一"的特色，促进信息技术与英语教学的深度融合。

在信息技术飞速发展的今天，当预设教学目标在传统课堂中难以实现时，通过信息技术进行突破就变得非常有意义。远程互动设备、VR（Virtual Reality 虚拟现实）设备、AR（Augmented Reality 增强现实）设备等比较先进的技术设备可以带来很好的信息化教学效果。但由于客观条件的限制，这些先进的信息化教学设备并不能够完全普及课堂中。当前，智能手机已成为普及率较高且易于操作的信息化教学终端设备，基于智能手机的移动学习模式可以激发学生学习英语的兴趣，较好地实现信息化教学的目标。教育部从国家层面大力推进信息化教学改革，每年举办的全国职业院校信息化教学大赛为高职教师提供了信息化教学技能展示的平台，智能手机在课堂中的使用也受到了参赛者的广泛关注。

中国在移动互联方面已经走在了世界的前沿，智能手机完全改变了人们的生活方式，改变了学生的学习和生活状态。多姿多彩的手机世界让学生流连忘返，高职院校中随处可见"低头族"。传统的教学方式单调枯燥，教师想要把"低头族"的课外注意力转移到课堂教学中，却无可奈何。不少高校教师想方设法收缴学生的手机或者禁止学生带手机上课，这种强迫的做法往往不被学生接受，学生学习的积极性并没有因此改变。而在"互联网+"大环境下，合理引导学生使用智能手机，改变传统英语课堂枯燥的教学模式，高效地将现代信息技术融合在课堂教学中，才是高职英语教学改革的正确道路。

高职院校应充分利用现代信息技术，改进以教师讲授为主的单一教学模式。以现代信息技术特别是网络技术为支撑，可以使英语课程的教与学在一定程度上不受时间和地点的限制，朝着个性化和自主学习的方向发展。基于智能手机的高职英语信息化教学设计，就是以学生为中心，强调情境学习、协作学习的重要作用，利用手机媒介，搜索整合各种资源来支持学生的"学"的教学模式。在这种情况下，网络媒体将会由教师讲解授课的演示工具转变为学生主动学习、协作探究的数字化平台。学生可以借助现代信息技术查询资料、搜索信息、进行协作学习和会话交流并完成多维评价；教师则可以充分利用现代信息技术，采用任务式、合作式、项目式、探究式等教学方法，实现教与学模式的转变。

一、智能手机与课堂教学融合的教学设计案例详解

（一）基本情况

教学案例"Diet and sport"是2017年全国职业院校信息化教学大赛教学设计类的获奖作品。该案例的教学内容节选自国家规划教材《点击职业英语2》第三单元，主要谈论饮食与运动相关话题，包括Warm up（热身）和Conversation（会话）两个部分。授课对象是高职一年级学生，他们已经学习了教材《点击职业英语1》，有一定的英语基础，能够进行简单的日常对话，但由于词汇量少，还不能使用英语针对具体主题进行深入交流。这些"95后"的学生活泼好动，善于使用手机等智能终端设备，喜欢趣味化的学习模式，学习目标和学习习惯也存在较大差异。因此，激活学生学习的内在动力，给学生提供更多的口语表达机会，真正实现因材施教、分层教学是十分必要的。

（二）教学设计的思路

在教学设计中，笔者针对学生的特点，借助信息化手段及多维评价体系，从学、练、评、研四个方面，构建了独特的英语教学生态圈，从而引导学生感受学习的乐趣和成功的喜悦，继而实现教学目标，完成重点、难点教学任务。

（三）教学组织的实施

课前，学生既可以在"云班课"通知栏中查看教师发布的课前学习任务，初步自主解决问题，为实现翻转课堂打下基础，也可以在微信公众号"我的英语课"中查看教师推送的阅读文章《运动类单词知多少》。学生通过随时随地阅读，完成课前学习与准备相关任务：①了解"饮食与运动"的相关词汇和短语，使用百度和有道词典等工具查询资料，并初步解决自学中遇到的问题；②了解中国人的运动现状，并用英文进行语言组织，为课堂英语话题表述做准备；③各学习小组依据教材内容分别拍摄对话演练视频，并进行编辑整理。该阶段主要用以促进学生提前预习教材内容，熟练掌握视频制作方法，提高学生的团队合作能力。

课堂测试与应用阶段主要分为预习反馈、热身导入、问题讨论、对话练习和总结评价五个环节。在预习反馈环节，教师可以使用云班课移动教学平台对学生进行单词测试，了解学生的课前预习情况。测试中有两组不同难度的词汇，A组测试题主要考查学生对教学大纲要求必须掌握的核心词汇和短语的掌握情况，B组测试题中除课本内容之外还添加了课外拓展词汇内容。学生根据自身情况和学习需求，可自由选择题目类型进行测试。结果显示，71%的学生选择了含拓展词汇内容的B组测试题，29%的学生选择了只包含基础词汇的A组测试题，且大多数学生通过课前预习掌握了本课的基本词汇，达到了预习的目的。随后进行各小组的对话视频展演，并使用问卷星投票系统现场评选出最佳小组。提交视频作业的小组，所有成员均获得作业加分，最佳视频小组的成员获得双倍作业加分。教师通过"云班课"移动教学平台对学生的预习效果进行评价。

在动感音乐背景下，教师向学生展示健康对照表，请学生上台做俯卧撑并计数，引导学生学习"仰卧起坐"和"俯卧撑"相关核心词汇，以有趣的课堂活动进行热身导入。

问题讨论环节以教师布置任务、学生分组完成的方式，将课堂演变为操练场。首先学生分组讨论。通过讨论，学生提出自己的观点，并推荐一些关于健康测试的方法，例如，Can you walk 5 kilometers?（你可以步行5千米吗？）。其次，学生将讨论结果用英语发布在班级群中，教师逐一点评，引导学生在生活中要养成健康的饮食习惯，加强日常体育锻炼。在此环节中，学生通过分享观点、相互学习，学到一些有趣的运动词汇如"暴走"和"广场舞"等。教师组织学生完成"云班课"问卷调查，了解学生的饮食习惯，学生也可以通过英语调查问卷学习相关词汇和句型。

在情境对话环节，教师首先针对对话内容提出简单的问题，让学生阅读对话并作答。课堂提问时可以使用"云班课"的"摇一摇"功能增加课堂提问方式的多样性和趣味性。其次，基于教学课件讲解对话中的关键词和重要句型。最后，由学生角色扮演，分组反复练习对话，并通过"问卷星"软件进行调查评价，选出最佳现场表演小组，小组成员获得课堂表现加分。"云班课"和"问卷星"提供的大数据，可以使教师精准定位每个学生的学习情况，及时调整课外作业和知识拓展的内容。

课后的继续学习是学习质量的保障。在该环节中，教师给学生设置3个课后任务：①录制对话音频发送至教师微信；②登录"口语100"手机应用程序，使用人机对话和英语配音功能，练习英语听、说、读、写能力；③完成小组调研任务，登录问卷网发布英语调查问卷，并撰写调查报告。

（四）教学效果的反馈

通过使用信息化教学手段，从学、练、评、研四个方面构建线上线下的英语学习生态圈，从而构建平等、自主的教学模式。课堂上可以自由选题，有助于激发学生学习的热情，为学生的持续学习创造条件。学生在视频拍摄、编辑、问卷调查等活动中，提高了自身的统计分析能力、信息技术水平以及团队协作能力，真正实现了快乐学习和能力成长的愿景。

二、基于智能手机的高职英语教学设计思考

（一）基于智能手机的英语教学设计优势

1. 智能手机可以提供学习资源平台、任务操作平台和综合评价平台

教师可以利用智能手机进行资料查询、沟通交流等，通过"智能课堂""云班课"等平台发布相关任务，接收和分析任务完成情况，从而进行课堂教学的过程性评价。通过智能手机移动教学平台，学生也可以自由发言、打分、点赞等，从而完成自评、互评环节。

2. 基于智能手机的移动教学模式可以提升学生的英语学习兴趣

高职学生使用网络、计算机、智能手机等方面的能力丝毫不弱，他们只是缺乏自我管理能力和学习的兴趣。教师可以通过智能手机媒介利用移动教学模式调动学生的学习积极性，挖掘他们的闪光点，让他们乐于学习、善于学习。

3. 基于智能手机的移动教学模式实现了协作学习和个性化学习

现代教育强调协作学习和个性化学习，教学设计必须以学生为中心，明

确学生的学习需要，承认每个学生的个性或潜能。个性化学习因人而异，个人的情况不同，选择的学习内容和要达成的目标也不同。基于智能手机的移动教学平台可以提供不同难度的任务，提供多种课堂组织形式，从而实现个性化学习。这也为在同一课堂中进行分层教学提供了可能性。

（二）基于智能手机的信息化教学设计需要注意的问题

1. 加强课堂监管

学习贵在持之以恒，但是如果缺乏有力的监督，部分学生就会逐渐被惰性打败，更愿意用手机聊天，或者玩手机游戏。手机应用程序中的大多数学习资源都是可以免费使用的，因此开发商会在学习页面推送大量广告，干扰学习。在这种情况下，如果处置不当，纵使手机应用程序做得再有吸引力，也可能会使学生的学习虎头蛇尾。因此，要让学生使用手机辅助学习，就要做好教学监督和教学评价。

2. 筛选有益的资源

外语学习类手机应用程序成百上千，但并非所有手机应用程序都有较高水平，有些手机应用程序粗制滥造，对学习不仅无用，甚至有害。因此教师要筛选出口碑较好的手机应用程序，帮助学生选择适合的学习内容，或由教师亲自开发学习资源库。

信息技术与教学的深度融合是职业教育发展的必然要求，基于智能手机的高职英语教学设计必将带来语言课教学模式的改变。在教学设计中，系统优化课前、课中和课后的教学全过程，体现"以生为本"理念，突出"学做合一"特色，才能使枯燥的学习趣味化，使单调的学习丰富化，使共性的学习个性化，使复杂的问题简单化，使静止的学习动态化，从而真正实现信息技术与英语教学的深度融合。

第四章 信息化背景下高职英语教学模式的创新研究

第一节 信息化环境下高职英语的教学模式

如今,教学方式不断发生变化,教育领域对信息化的需求也在逐渐增加。信息化对教学的改善有很大的帮助,能不断充实教学内容,营造浓郁的学习氛围,提高教学质量。在教育信息化的时代,如何更好地开展高职英语教学,需要教师认真探讨。

在教育信息化改革的大背景下,高职英语教学也应紧跟时代步伐,及时运用信息化教学模式,以便更好地提升教学效果。因此,高职英语教学要尽量多地使用现代化教学的方式,运用当今时代的先进技术,紧跟现代化教学改革的步伐,利用信息化手段提高高职英语教学的质量,发挥教育信息化的优势,以便能够及时向社会输送英语方面的专业技术人才。

一、信息化环境下高职英语教学与信息技术整合的意义

(一)有利于转变传统教学理念,促进教学观念的更新

在信息技术不断发展变化的环境下,信息的传播越来越简单高效。传统教学方式中的黑板和粉笔已经无法满足现在的教育发展需求,因此,高职英语教学中一定要运用信息技术。此外,教师不仅要熟练地掌握这项技能,还

要灵活运用信息技术，将信息技术运用到日常的教学过程中，从而活跃课堂氛围，提高学生学习兴趣。对于教师来说，不能总使用传统教学方法，要及时调整教学理念，运用新的教学模式，充分利用丰富的信息资源，培养学生课堂主体意识，让学生自主思考，提高学生学习的积极性，培养学生的发散性思维，从而全面提高学生的专业素养。

（二）有利于激发学生的学习兴趣，培养学生语言的综合应用能力

在高职英语教学中，运用多种方式积极开展有关英语学习的活动，在活动中完成教学目标。例如，在备课的时候加入图片、音频、视频等，进行多样性教学，运用多种方式刺激学生感官，加深他们的记忆，提高学生的课堂学习效率。由于教学方式不断更新，教学目标也随之提高，因此，教师的教学任务就是全面提高学生的语言综合应用能力。在高职英语教学中，教师不仅要努力提高学生的平均学习水平，还要重点培养学生的英语实际应用能力。

二、信息化环境下高职英语教学模式的构建

（一）引导学生拓展知识，巩固学习内容

改善现有的教学模式，就要把现代信息技术运用到日常教学中。例如，教师利用计算机辅助教学这一功能，把计算机当成教具使用，通过互联网传递、搜集、处理教学信息，制作PPT（Power Point）等课件演示实验过程。学生也可把计算机当作一种学习工具，在互联网上进行自主学习。教师和学生都可以随时随地查阅资料、练习一些英语歌曲、阅读英文报道等，从而全面利用教学网络资源促进自己的发展。加入信息化的教学手段，既可以不断创新教学内容，更好地实现教学目标，也可以丰富教学资源，拓宽学生视野，

巩固学生的学习内容。如此，教师在课堂教学中能更加得心应手，学生的学习兴趣也能提高。

（二）注重网络辅助合作学习，面授与网络学习相互结合

从专业的现状来看，学生在探究性学习方面的能力有待加强。因此，高职英语教学中，应培养学生的能力，加强小组协作交流，这些都可以通过信息化技术、信息检索来完成。应用信息化的手段不断更新教学模式，可以把教学资源整合起来，把课本和课件结合起来，从而创新教学方法，在很大程度上提高教学效率。基于此，教师要重视网络辅助这一功能，将面授与网络学习结合起来应用，让学生主动参与进来，在网上进行自主学习，培养学生的研究精神。通过这两种学习方式，学生可以充分利用时间，及时拓展知识，在课余时间也能自己领悟，从而提高自身在英语方面的综合能力。

三、信息化环境下高职英语的教学策略

（一）灵活地运用互联网平台，提高教师的信息化素养

教师在日常教学中要灵活地运用信息化技术。如教师可以在网上辅导学生的功课，学生也可以在网上与教师一起讨论、研究问题，这样一来可以大大提高英语教学的质量。首先，教师可以在互联网平台上引导学生建立网上分组模式，在上课之前先在组内对所学内容进行分析和讨论，将要学习的内容和主题概括出来，并将讨论结果上传到网络系统。其次，教师还可以根据学生的具体情况，按他们对知识的掌握度，进行分组教学，根据实际情况对不同层次的学生采用不同的教学方法，从而让学生及时练习掌握自己不熟悉的部分，有效提高学生的综合素质和整体英语水平。除此之外，还要注重提高教师的信息化技术运用能力，建立良好的信息化环境，这样不仅可以增强

教师信息化教学的意识，还可以让他们看到信息化教学的重要性，从而树立信息化教学观念，不断提高自身的业务能力。

（二）利用多媒体技术挖掘教学资源，提高信息化英语教学的质量

这些新的技术为英语教学提供了很大的帮助，在多媒体软件的帮助下，高职英语的教学与学习都简单方便了许多。与传统教学相比，在相同时间内，信息化教学能使教师够传授更多的知识，学生也能掌握更多的内容，更加具有针对性。在互联网这个大平台上，教学资源也更具体化、全面化。由此可见，信息化对教学质量的提高起到了至关重要的作用，因此，一定要多借用多媒体的力量，充分利用互联网资源，提升教学品质。这就要求教师学习并熟练掌握计算机技术，运用多种现代化手段，帮学生扩展知识面。但是，由于网络的开放性，有些资源和信息的来源以及真实性都难以鉴别，这就对教师有了更高的要求，教师要仔细辨别信息的有效性真实性，为学生筛选出真正需要的信息。

听、说、读、写、译这五种基本能力，既可以通过互联网进行练习，也可以在互联网上找到训练的音频、视频或者是时事新闻等进行练习，还可在互联网上交流训练方法。只有把计算机技术运用到日常的实践中，才能给学生提供更多的学习途径，只有当学生对英语学习感兴趣，才能得到最大化的教学成果，才是真正有质量的教学。

（三）定期进行信息技术培训，不断地增强获取信息的能力

教师只认识到多媒体教学的优势和重要性还不够，关键是能真正将其运用到教学中去。因此，学校应该针对教师做好计算机方面的培训。信息化教学的最终目的是实际运用，所以需要先提高教师使用计算机的水平，再提高其教学水平。在计算机培训方面：第一，进行整合式信息技术培训，就是把

信息化运用到教学中去，利用信息化的优点，提高教学水平。第二，进行软件操作的培训，强化训练，让教师能更加灵活地运用教学所需的软件，像教学中常用的 PPT 等。

随着网络化的普及，互联网上的资源可以说是触手可及，教师应该及时在互联网上关注一些与教育专业相关的新闻资讯，或者关注一些对教学有帮助的资料，并在课堂上及时传授给学生。教师既可以叮嘱学生自己在课余时间多关注一些与专业相关的东西，还可以组织一个大的平台，让学生参与进来，以便交流学习经验，优势互补，从而增强学生的团队意识与凝聚力。如果遇到了学生不能理解的地方，教师就要及时发言，帮学生解决问题；看到资料中错误的地方，教师也要及时帮学生改正。教师也可以分享一些时事新闻、有关的英文电影等，这样每个同学都能有更多收获。

教育现代化的背景下，在高职英语教学过程中利用互联网的优势，可以改变传统的教学方法，使高职英语教学朝多样化的方向发展，提高学生对英语学习的兴趣，学生能够在学习过程中有成就感，愿意主动学习，从而极大地提高了英语教学的效率。

第二节　信息化的高职英语教学模式改革

高职英语教学与现代信息技术的有效整合，是高职院校实行教学改革，培养面向信息化的英语教学创新人才的一项重要任务。因此，应分析信息技术手段在高职英语教学中的重要性，阐述基于信息化教学模式的主要特点，并从教学方式、教学内容和学习模式三方面提出信息化高职英语教学模式改革的具体策略。

随着科技发展日新月异，信息化教学手段应运而生。在高职英语教育教学过程中，教育者应加大对现代信息化教学手段和技术的运用，充实教学内容，充分展现出以学生为本的语言应用服务及实践输出为主的现代教学理念，从而更加有针对性地提升高职英语的综合教学质量和效率。

一、信息化的运用对高职英语教学的重要性

　　信息化技术的产生革新了传统的教学方法和手段，对高职英语教学具有重要作用。教师借助信息技术和手段，科学利用各种资源，为学生创造轻松、和谐、愉快的教学环境，这样学生才会积极主动地投入英语学习中。基于信息化的高职英语教学模式具有交互性、多媒体特性和多样性特征，能够充分激发学生的听觉和视觉神经，以学生的需求为导向，引导他们主动探索、获取和应用知识。英语信息化教学将现代化媒体科学应用到教学当中，将音像、动画、文本等集于一体，为学生创造真实的场景，使知识呈现得更加形象、生动和具体，有利于学生更加准确、全面地掌握知识，并且能够将其灵活自如地运用到实践中。另外，英语信息化教学打破了时空界限，教师可以利用网络平台共享英语教学资源，全国各地乃至全球的教师和学生都可以进行互动交流，中国学生可以和以英语为母语的人进行交流，学习纯正的英语。英语信息化教学有利于增加课堂的互动和教学的趣味，激发学生的学习兴趣，能够为学生提供各种实践机会，促进学生对英语知识的活学活用。

二、基于信息化教学模式的主要特点

　　信息化教学模式取代了传统的教学模式，借助互联网和多媒体，充分发挥学生的主动性、积极性和创造性，使学生成为知识的探索者和构建者。信息化教学模式的特点主要有以下几点：

（一）整合教学资源

英语教学资源众多，且五花八门，部分学生不知道从何学起。教师可以根据教学的实际情况和学生的需求，通过信息化手段对众多的资源进行分类、整合归纳并共享。在个性化的学习平台中，学生能够迅速准确地找到对自己有帮助的资料，使学习更有针对性，效果更佳。运用信息化手段，可以丰富教学内容，扩大知识的信息量，让英语学习随时随地进行。

（二）模拟真实环境

班级大、学生多是目前的高职英语教学的普遍现象。在这样的情况下，使用传统的讲授方式，教学效果将大打折扣。采用信息化教学模式则可以破解这个难题，使各类教学活动得以有效开展，教师也可以针对学生的特点进行个性化教学设计，将文字、视频、动画和图片等信息有效结合，创造出真实的语言环境，让学生有身临其境的感觉，这样更有助于知识的理解和掌握。

三、基于信息化的高职英语教学模式改革策略

（一）教学方式的改革

1. 引入大量情境语境

信息化的优势在于能够创设接近真实的语言环境，教师在课堂上应引入大量的情境对话供学生鉴赏。原本枯燥的英语学习，经信息化手段，有机融入真实的动态画面中，会使课本上枯燥的知识变得有声有色。学生在丰富的情境中学习英语，会倍感轻松，既能在不知不觉中扩大知识面，又能提高词汇量和语音语调的准确性。这种学习方式能够充分调动学生的学习兴趣，培养学生在具体语境中灵活运用语言的能力，让他们学有所用，解决平时的语

言学习障碍。这种语境的创设能够丰富课堂内容，增加学生美感的体验，增强学生的参与度。学生可以分组活动，模拟情境对话，以增强课堂的趣味性，从而提高学习效率。

2. 设计交互式教学活动

教师可以运用信息化手段设计丰富的智能化和交互性的教学活动，来提高学生的参与度。如在课堂上，学生可以与虚拟的人物进行对话，也可以先观看一段视频，然后与同学模拟真实的场景进行对话让教师进行点评。学校可以组织开展配音、脱口秀、微视频等比赛项目，让广大学生参与英语的学习交流。课后学生可以使用跟读软件进行跟读或配音，通过智能评价，进一步修正自身的不足。在信息化的教学条件下，交互式和探究式的教学活动越来越受欢迎，教学相长的局面逐步形成，教学效果不断攀升。

3. 教师成为学习的促进者

在传统的教学条件下，教师是课堂的引领者和组织者，而在当前的信息时代，教师的传统观念必须转变。教师应主动学习先进的教育理念，构建新型的教学模式。这就要求高职英语教师不但要有先进的理念，而且要熟练掌握信息技术，能采用先进的手段收集资料、整合资源、设计情境等，充分调动学生的英语学习兴趣，让学生成为主人翁。

4. 学生的自主学习和交流

传统的英语学习只能靠教师教和学生学，而信息化时代，英语学习变得丰富多彩，学生可以择善而从，自主选择。如通过手机端下载"英语流利说""可可英语""叽里呱啦"等，这些学习软件集趣味性、操作性、学习性、评价性于一体，会让枯燥无味的英语学习变得妙趣横生，使学生在学习过程中倍感轻松、身心愉悦。"智慧职教""清华在线""世界大学城"等在线学习平台上也有丰富的英语学习资源,学生可以根据自己的需要自主选择。教师也可以建立班级英语微信交流群、QQ群等,鼓励同学之间相互学习,营造良好的英语学习氛围。

(二)教学内容的改革

1. 微课视频作为有效的课前预习

高职学生没有课前预习的习惯,教材中也没有有效的预习内容。教师可根据本节课知识内容,收集素材和资料,把音频、视频、文本结合起来,贯穿课堂重难点,制作一个微视频,让学生课前观看。这样学生对将要学习的知识点做到心中有数,教师也分解了部分讲授任务,课堂上就会相对轻松,教学效果就会更加突出。

2. 本土新兴元素融入多媒体课件

高职英语教材都配备了标准的配套课件,但由于内容过于单调和刻板,只是简单地把书本上的内容变成电子版本,对学生没有吸引力。配套课件都是千篇一律的,而不同专业的学生,对知识有着不同的诉求。基于这些原因,教师一般都会对配备的课件进行修改,结合学生的基础、专业和兴趣点,增加一些有效有趣的新兴元素,便于学生更易接受和掌握。

3. 网络资源作为教材内容的拓展和延伸

高职英语教材内容更新较慢,时代性特色的内容较少,尽管教师会在课堂上增加一些与时俱进的内容,但还是不能满足部分好学的学生需求。互联网强大的网络资源则可以突破传统的模式,教师通过互联网收集与主题相关的资料,可以为学生提供时效性强、快捷且丰富的资源,扩展课堂教学内容,从而拓宽学生的知识面。教师也可以给学生布置一些课外作业,通过搜索一些相关的国内外英语学习网站使学生主动去了解文化背景知识,了解中西方文化差异，从而让学生有一种全新的体验，调动学生学习的积极性，扩大学生的知识面，提升学生的学习效率和效果。

（三）学习模式的改革

1. 微课自学

学生利用课余时间，自学教师制作的微课，可以预习和巩固知识。与教学内容相关的微课视频内容丰富、形式多样，能够吸引学生的注意力，使学生在愉快地观看过程中不知不觉地汲取知识。一个理想的微课，能在课前就解决部分重难点知识，节约课堂时间，丰富课堂活动，增加课堂容量。微课作为课堂的延伸，能够丰富学生的知识，调动学生的兴趣，增强学习的自觉性和主动性。

2. 电子笔记学单词

在学习过程中，学生遇到不认识的单词，可以用手机上的电子词典查询，然后分门别类地添加到相应栏目，建立个性化的电子单词记录本。学生在复习时只要点开我的"单词记录本"，需要记忆的单词就会呈现。学生还可以下载腾讯微云，运用其中的笔记功能，把需要记忆的单词和语法存到微云笔记本。学生对使用电子笔记的方式充满了新鲜感和好奇感，而且这种记录和巩固复习的方式十分便捷，随时随地都可以进行。

3. 利用微信群或 QQ 群开展学习交流

教师可以建立专门的英语学习微信群或者 QQ 群，带领并引导学生开展课外英语学习活动。教师可以选择合适的短文、故事、剧本、视频等，分享到班级微信群或 QQ 群，让学生进行课外学习。学生也可以自己录制音频或视频发到群里，学生进行互评，教师进行点评，然后选取优秀的作品推荐，供全体学生学习。这种活动融趣味性、互动性于一体，让每个学生都有展示自己的机会，调动了他们学习的积极性。

4. 充分利用英语学习软件

随着计算机和智能手机的普及，录音机和复读机已不再能满足学生的要求，取而代之的是各种强大的智能软件。教师可以根据教学要求，把需要练习的内容添加到软件中，供学生学习，学习的内容可以是音视频、练习题、跟读材料、趣味配音等。软件对完成效果可以自动评价，学生可以根据评价进行反复练习。

随着科学技术的迅猛发展，信息化的运用日新月异，虽然高职教育的信息化教学模式改革正如火如荼地展开，但依然有很长的路要走。作为高职英语教师，应紧跟时代步伐，加强自身学习，更新教育理念，探索英语学习新途径，努力推动高职英语信息化教学改革，将素质教育落到实处。

第三节　慕课模式下的信息化高职英语教学

信息技术与高职英语教学的融合，让高职院校看到了教学创新的优秀成果，因此，高职英语课堂上不断推行信息化教学方式。但是，信息化在高职英语教学中的应用还存在一些问题，影响了英语教学质量的提高。慕课是英文 massive open online courses 的缩写，也叫作"慕课"，是在信息化技术基础上衍生出的一种在线教学模式。慕课作为一种新型教学模式进入课堂，具有一定的积极作用。慕课模式能促进高职英语教学的深化改革，能够激发学生学习兴趣，为英语课堂营造良好的教学氛围，有助于提高学生英语实践能力，推动了高职英语教学的整体改革。

随着时代的发展，信息化技术手段已经被广泛应用到各个领域，影响着人们的生活和工作。高职院校更应该意识到信息化在英语教学中的优势作用，不断创新传统教学方式，达到英语教学的真正目的。英语教师需要积极深化慕课模式教学手段，激发学生对英语的学习兴趣。慕课模式能够使实践信息化英语教学水平得到有效提升，为学生更好地学习英语创造优良条件。

一、慕课模式在信息化高职英语教学中的作用

（一）改善高职教师的教学方法

高职英语传统教学模式缺乏新意，课堂气氛枯燥，而慕课能够改善英语教师的教学方法，为师生提供一个良好沟通的平台。通过在社区平台的讨论交流，不仅能够拉近师生之间的距离，还能让学生随时针对问题进行提问，教师看到学生的问题也可以及时回答，提高了教学的实时性。此外，慕课模式下可以在平台中设置一些英语测试和训练，学生在课下可以随时进行训练和学习，可以更有针对性地提高学生英语能力。

（二）促进教师角色的转变

慕课模式下的英语课堂，为学生作为课堂主体提供了基本支持，将学习的中心位置放在学生身上，有助于促进教师角色的转变。在慕课模式下，教师只是教学环境和内容的设计者，学习的重要任务放在学生身上，教师组织学生参与学习活动，提高了学生自主学习的能力。慕课教学平台的应用，通常需要一名以上教师完成教学系统的设计，课堂的课题凸显教师团队的协作精神，对于英语教学具有创新意义。

（三）提高学生的学习效率

没有自然的语言环境，一直是学生学习英语的一个难点，尤其是在高职英语学习中，学生没有更多的时间去积累词汇，学习英语的时间十分有限。高职学生对于英语学习的能力逐渐减弱，成为高职英语教学需要重视的核心

问题。慕课可以在信息化英语教学基础上，让学生获得更多的学习资源，为学生提供更适宜的语言环境，学生可以突破时间、空间等的限制及时学习英语知识。此外，慕课能够为学生提供清晰的知识体系结构，关于英语语法知识、语句结构等都有更详细的分析，学生可以更方便地改善薄弱环节，提高英语学习效率。

二、慕课模式下信息化高职英语的教学现状

（一）学生的主体地位得不到充分发挥

目前慕课模式下高职信息化英语教学还存在很多问题，学生的主体地位被忽视，在教学过程中依然以教师为中心，学生被动地接受知识。这种教学方式比较落后，学生很难对英语教学活动产生兴趣，也无法提高学生的英语综合水平。在英语教学中，教师没有设置学生自主学习和探索的环节，一味地让学生跟着教师的讲解去听课，不利于激发学生的更多潜能。此外，受应试教育的影响，很多高职院校进行英语教学只是为了应付考试，没有实现英语教学的真正目的，导致学生英语学习环境压抑、沉闷，不利于学生英语综合素质的提升。

（二）英语教师教学模式单一

目前，由于很多高职英语教师的教学理念比较传统，导致在实际信息化教学过程中依然沿用传统教学模式，使课堂教学内容和模式单一。单一的教学模式很难激发学生的学习兴趣，无法发挥信息技术教学优势，不能充分体现学生的主体地位，不利于学生有效地学习英语知识。高职英语教学模式缺乏创新，学生在课堂上会感觉乏味，长此以往就会失去对英语学习的兴趣，导致英语成绩和英语学习能力低下，阻碍学生的全面发展。

（三）教师的专业素养参差不齐

高职信息化英语教学过程中，教师作为教学的主要引导者发挥着重要作用，但当下英语教师的综合专业素养参差不齐，影响了英语教学质量。高职英语教师在教学过程中不够重视教学观念的创新性，且没有足够的计算机信息化知识和操作技巧。

三、慕课模式下信息化高职英语的教学改革

（一）树立慕课教学观念，改善教学评价体系

在信息化教学模式下，高职英语教学要从根本上实施创新改革，改变传统教学理念。在慕课教学模式下，英语教师积极转变教学模式，可以激发学生对英语的学习兴趣，改善课堂气氛，提高教学效果，学生的学习效果也会随之提高。慕课教学模式突破了以学生考试成绩为教学目标的教学思想，建立了多元化的评价体系，能够不断激发学生的学习积极性，进而达到更好的教学效果。高职英语教师应该明确教学责任，不要只重视学生考试成绩，还要注意观察学生平时学习的态度，为学生提供解决问题的思路，提高学生主动学习的能力，使学生养成良好的学习习惯。在高职英语教学中，教师可以利用慕课教学与现代理论的有效融合，在教学实际中强调教学实践的重要性，让学生掌握英语实践技巧，提高学生学习效率。

（二）利用慕课教学模式，扩大教学资源

高职英语教师可利用慕课教学模式扩大教学资源，突破传统单一的教学模式，促进网络资源的优化使用。慕课教学模式在英语课堂中逐渐开展，获得了更多师生的认可，改善了枯燥的课堂气氛，学生能够学习到更多的英语知识，有助于提高学生的英语综合能力。慕课英语教学模式可以满足学生的

学习需求，发挥更大的信息化教学功能，学生可根据学习程度的不同开展针对性练习，缩小学生之间的差距。学生可利用慕课平台完善自身不足，全方位地提高英语能力，从而促进英语学习效果的提升。

（三）提升教师的专业素养

为了促进慕课英语教学模式的顺利实施和优化发展，高职院校应该重视英语专业师资团队建设，积极提升教师综合能力。在慕课教学环境下，不仅要提升高职英语教师的计算机水平和信息化操作水平，还要有效缓解教师与学生之间的紧张关系。这就需要高职院校在实践教学中不断完善教学综合方面的内容，积极提升英语教师专业素养。高职英语教师应主动学习先进的教学方法，促进教师之间的有效交流，明确自身的教学责任，主动与学生沟通，建立彼此之间的信任。高职英语教师要积极学习慕课教学手段，尊重每一位学生，在和谐的师生关系基础上不断提高教学能力，进而促使师生的共同成长。高职院校要为教师提供定期培训，让教师熟练掌握计算机设备的操作方法，为教学做好准备，从而促进英语教学的高效发展。

综上可知，慕课信息化英语教学模式在高职院校如火如荼地开展，取得了良好的效果。开展慕课教学有助于创新高职英语教学模式，可转变传统教学理念，重视学生的主体地位，不断地总结经验，满足学生对英语学习的更高需求。因此，高职院校应不断推进慕课教学模式，提升英语教师的计算机操作能力，以达到更好的教学效果。

第四节　SLA视域下高职英语信息化教学模式

第二语言习得（SLA，Second Language Acquisition）理论在语言认知

学习的过程中对语言环境的建构有着指导作用。信息化教学模式采用先进的教学理念，通过运用现代信息技术手段，提升教学效率和教学质量。本节通过辨析"习得"与"学得"这两种不同的途径，阐述运用信息化教学模式为高职英语教学提供语言习得环境的有效策略，研究在信息化环境下二语习得理论对于提升英语教学的可行性途径。

因受主观条件限制，尤其是过去很长一段时间内的语言环境的限制，英语教学主要依靠课堂上教师的讲解，学生英语学习积极性不高，导致高职英语教学效果不佳。现阶段，随着信息技术的发展，无论课堂上还是课堂外，都可以利用信息化手段为学生提供更多的教学资源，将学得转化为习得。

一、二语习得理论概述

二语习得也称第二语言习得，是指在母语习得之后的其他任何一种语言的学习。二语习得作为应用语言学的一个分支，主要研究学生学习第二语言的过程和结果，其目的是解释人们如何习得以及运用第二语言。

有关二语习得，美国应用语言学家斯蒂芬·克拉申提出著名的五大假说，语言输入假说是其核心部分，对二语习得研究产生了重大影响。克拉申认为，语言习得有两个必备条件，即可理解的语言输入和学生内在的语言习得机制。学生要在一定的语言环境中，从现有的语言水平"i"，发展到更高的语言层次，即实现"i+1"。需要注意的是，"i+1"是指略高于现有语言水平的层次，输入的内容既不能太简单，又不能太复杂，即实现可理解性输入，否则将无法达到预期学习效果。克拉申将语言学习的过程总结为：可理解性语言输入—大脑整理记忆—语言习得机制—语言能力习得—语言输出。

加拿大语言学家梅里尔·斯万等提出的输出假说是对克拉申语言输入假说的一种补充。斯万认为，语言输入是语言习得的必要条件，但仅仅输入是不够的，还要通过反复练习实现可理解性输出。语言的输出不是语言习得的结果，而是习得的一个过程，是对语言输入的反馈，是学生在语言学习过程中不断调整语言输出，从而习得语言。①

习得是指学生在自然的语言环境中，通过言语交际活动不自觉地获得第一语言的过程。学得是指人们在习得第一语言后有意识地学习其他任何一种语言的过程。克拉申认为，习得和学得是两条不同的途径，其中习得占主导地位。习得是学生从外部环境获取相关信息，并在无意识状态下实践此种语言，是一种自然的语言学习过程。而学得则是在课堂或教学中进行的一种有意识的语言学习行为，是指有意识地、明确地学习外语的语法规则和词汇。学得与习得最大的区别在于是否有语言环境。

二、研究意义

本节尝试运用二语习得理论指导高职英语教学，利用信息化教学模式创造"习得"必备的语言环境，突破高职英语传统课堂的教学空间和教学方法，有效提升学生对语言的输入与输出。

二语习得理论在高职英语教学中的研究较少。在此情况下，应尝试将信息化教学模式应用于高职英语教学，探索信息化条件下二语习得理论在高职英语教学中的实践，为提升学生英语学习兴趣、提高学生英语学习水平提出可行性方案。

---

① （加）梅里尔·斯万（Merrill Swain），（加）佩妮·肯妮尔（Penny Kinnear），（加）琳达·斯坦曼（Linda Steinman）. 第二语言教育中的社会文化理论导论 叙事视角 第 2 版 [M]. 北京：外语教学与研究出版社，2018.

三、高职英语教学现状及信息化教学模式可行性分析

高职院校以培养技能型人才为主要目标,虽然学生的动手能力较强,但因语言基础薄弱等问题,学生学习英语的积极性普遍不高,英语是学生较为薄弱的科目。而且在传统的教学模式下,教学内容的枯燥和教学模式的陈旧,更加导致高职学生英语学习兴趣低下。

信息化教学模式将信息技术手段运用于教学,能够传递教学信息,优化教育资源,创造良好的教学环境,进而调动学生学习的积极性和主动性,实现教师主导、学生主体的教学模式,从而有效提升教学效果。

(一)信息化为语言习得提供语言输入的环境

语言的习得需要不断的练习与巩固。但在过去的很长一段时间,英语教学缺乏必要的语言环境,多数学生缺乏交流的机会,语言的输入量极为有限。与此同时,汉语和英语属于不同语系,文化背景、思维方式等存在着较大的差异。高职学生在学习英语时,受到母语的负迁移影响要远多于正迁移影响。在此情况下,只有为学生提供可以习得的语言环境,才能使学生更好地接受英语的思维方式,而信息化教学模式使良好的"语言环境"得以实现。

根据克拉申的理论,语言输入必须是可理解性输入,即输入的内容必须稍高于学生现有水平;同时,输入的内容需要反复出现,即所学知识需要不断被强化。信息化条件下,教师不再通过单一的讲授,而是为学生提供语言学习所需的场景,不仅使所学语言有充分的输入,还能提供与之匹配的真实自然的语言环境。

(二)信息化条件下可实现理解性语言输出

语言最主要的功能是交际,因此,应该把语言学习作为一种交际活动,

在交际中学习并掌握语言。语言专家认为，掌握一门语言，一方面，听者可以被动记忆语言表达式，这些语言表达式相对于其经验而言是全新的；另一方面，说者可以在合适场合通过或多或少的技能产生语言表达式。信息化条件下，教师提供大量的可理解语言输入，使学生得以在内部建构语言系统知识，学生在此过程中思考自己和他人语言的使用，从而产生内化，使之输出为自己的语言，并且不断地调整自身的语言输出。

信息化模式下的英语教学为语言习得提供了语言环境，可以使学生在真实的语言环境中无意识地获得大量语言输入。而输入的最终目的，是要将语言输出。语言输入是实现语言习得的必要条件，但不是充分条件。要使学生成功地习得语言，仅仅依靠语言输入是不够的，还要促使学生进行大量的语言输出练习。

（三）实践信息化教学，提高学生学习英语的兴趣

信息化教学模式下，丰富的信息为教学提供了大量的可参考资料，教师课前要充分搜集资料，对信息和知识进行梳理和组织，为英语教学提供丰富的课堂教学资源。教师要通过更为直观的方式帮助学生理解所呈现的内容，提供语言学习的环境，优化语言的输入形式，有效地营造轻松、开放的课堂氛围，从而提升学生的学习兴趣。学生在英语学习兴趣得到提升后，便会积极主动地参与课堂讨论交流，从而实现语言的输出。

二语习得理论在高职英语教学中有着诸多可借鉴之处，而信息化使这一理论在教学中得以实践。信息化教学模式为习得提供可输入的语言环境，即实现并优化语言输入，使语言得以在学生内部产生内化，从而实现语言的可理解性输出。同时，信息化教学模式下丰富的信息流和直观的效果也可以提升学生对英语的学习兴趣，对英语教学实践产生了积极的影响。

第五节　信息化教学模式下的高职英语口语教学

英语口语是高职英语教学的重要组成部分。本节通过分析高职英语口语课程的特点及教学中普遍存在的问题，提出信息化教学模式下高职英语口语教学的目标。基于信息化教学模式，从课前布置任务、课堂自主学习、课堂总结与作业布置三个方面，重点探索高职英语口语教学的详细设计方案，以提高口语教学效率。

高等职业教育是我国高等教育的重要组成部分，其主要目的是为国家培养高素质技能型人才。随着全球经济一体化进程的不断推进及世界经济文化交流的日益频繁，对人才英语能力的要求越来越高，尤其需要具备较强英语口语能力的人才。因此，英语口语成了高职教育的重要教学内容。信息化时代，信息技术应用到各行各业，教育教学领域也不例外。在此背景下，高职英语口语教学应积极运用信息技术，通过信息化教学模式打造高效课堂。

一、高职英语口语课程的特点

高职英语口语课程是高职英语课程的重要组成部分，其主要课程内容是学生在未来职业岗位中所需的各种英语口语技能，重点培养和训练学生的英语口语发音、听说能力及口译技巧等。高职学生通过英语口语的训练和学习，可以熟练掌握英语交际场合的相关词汇和基本句型，了解中西方文化差异，从而在各种英语交流场合中更加得心应手。由于英汉语言体系不同，加之现实中缺少英语环境，给高职英语口语教学带来一定难度，多数学生都会在不同程度上感到学习英语口语十分困难。因此，只有积极运用先进的教学技术和手段，改革教学模式，才能够有效提高高职英语口语教学效率。

二、高职英语口语教学中普遍存在的问题

（一）学生英语基础不佳

从招生政策看，随着普通高等院校逐年扩招，更多学生进入普通高校接受本科教育，导致高职院校学生的整体素质逐年下滑。多数高职学生在中学时期的学习基础较差，英语基础更是薄弱。部分高职学生的高中英语教师本身就存在发音不准等情况，难以教好学生。这些问题都是高职学生英语基础不佳的主要原因。

（二）教学模式不够科学

教学模式的科学与否直接影响教学效率的高低。但受我国传统教育观念的影响，部分高职英语教师在教学中仅采用"灌输式"教学模式，即一节课大部分时间都用来给学生讲解理论性的英语口语发音技巧，缺乏学生的主动实践环节。传统教学模式既单调又枯燥，难以充分发挥学生的主观能动性，更难以培养学生的学习兴趣，甚至会使学生对英语口语学习产生厌烦情绪。

（三）教师综合素质不高

教师综合素质的高低直接决定教学质量的高低。高职英语教师只有在自身就具备较高的英语口语水平和教学水平的前提下，才能更好地传授知识和技能。但在现实中，部分高职英语教师的综合素质略显不足，有的是自身知识和能力有限，有的是由于教学工作量大、日常工作繁忙而没有足够的时间不断充实知识、提高自身能力。总之，从整体上看，高职院校缺乏一支高素质的英语口语教学队伍，当前的师资力量还无法满足口语教学需求。

（四）缺乏英语交流环境

语言是一门特殊技能，在语言学习过程中有良好的语言交流环境，才能够更好地掌握语言应用技巧。显然，现实中很多高职学生并未处于英语交流环境中，这是导致高职学生英语口语能力难以提高的一个主要原因。

三、信息化教学模式下开展高职英语口语教学的优势

（一）激发学生的学习兴趣

兴趣是最好的老师，高职学生只有对学习英语口语具有足够的兴趣，才会愿意积极主动地学习这门知识、掌握这门技术。由于高职学生英语口语基础较差，且高职英语口语课程本身难度较大，多数高职学生都对英语口语学习感到"头大"，更无从谈论兴趣。

如果教师在教学过程中充分运用信息技术，在信息化教学模式下开展高职英语口语教学，则能够将原本复杂难懂的知识变得清晰、简单，将原本枯燥的学习过程变得生动、有趣，从而有效激发学生的学习兴趣，促使学生积极主动地练习英语口语技能。

（二）有效扩充课堂容量

传统的高职英语口语教学大多采用的是"灌输式"教学模式，在这种教学模式下，一节课大部分时间都用来给学生讲解理论性的英语口语发音技巧，看似整堂课都排得满满当当，但实际上一节课真正能教授的东西很少，教学效率偏低。此外，由于高职院校每学期安排的英语口语课时并不多，若每节课的教学内容偏少，那么整学期能教给学生的东西就不多。如果在信息化教学模式下开展高职英语口语教学，则能够将海量的学习资源整合在一

起，并通过多媒体工具等展现在学生眼前，实现知识的碎片化学习，有效扩充课堂容量，提高教学效率。

四、信息化教学模式下高职英语口语教学目标

信息化教学模式下高职英语口语教学的目标有三个：一是利用信息化技术和广阔的信息资源，使高职学生更加简单地理解听力内容，能够抓住要点与外教进行有效的沟通和交流。二是使学生熟练地应用手机、电脑、平板等设备进行自主学习，并具备在在线学习平台上查看资料、分组讨论、探究问题、发起话题及上传作品的能力。三是使学生有效模仿各类视听材料中的语音语调，并自主完成相应的配音练习。

五、信息化教学模式下高职英语口语的教学设计

（一）课前任务布置

教师提前在在线学习平台中上传课前自主学习任务单，导入相应的微课视频和课上需要讨论的话题等。学生在在线学习平台上自主查看教师发布的内容，并依照要求进行自主预习、观看微课视频，同时，记录下不懂的问题，以便在课堂上与教师和其他学生交流探讨。

（二）课堂自主学习

1. 点名分组

课堂伊始，教师首先利用在线学习平台中的 GPS 点名功能，或者通过扫描二维码的方式对学生进行考勤，然后对全班学生进行合理分组，让学生以小组为单位开展自主学习。小组分配需合理，保证每个小组内既有男生，也有女生；既有英语口语基础较好的学生，又有基础较差的学生；既有性格

比较开朗的学生，又有比较内向的学生。使组内成员均发挥特长，优势互补。

2. 第一环节

课堂第一环节主要是采用翻转课堂的模式，让学生按照组别依次对课前布置的微课进行探讨，发表见解，有疑问可以提出来，并经与其他同学讨论找出答案。

3. 第二环节

课堂第二环节需要由教师在大屏幕上给学生播放一段与教学内容相关的生动有趣的视频，然后让学生在小组内针对该视频的内容讨论十分钟，十分钟后由每个小组选派一名代表依次到讲台上阐述自己小组的讨论结果和观点。最后由教师进行阶段总结和点评。

4. 第三环节

课堂的第三环节主要是配音练习，教师需要事先指导学生下载好相应的配音 App，然后在课上为学生展示一段欧美原音的电影视频，将这段视频中的配音文字资料上传至在线学习平台。学生首先针对这段视频对话中的重难点词语进行讨论，其次分配不同的角色，互相配合演绎这段内容。教师需要在课堂上拿出一定的时间让学生进行排练，再由每小组依次到讲台上进行配音表演。最后由全班学生投票选出最佳配音小组，由教师进行阶段总结和点评。

5. 第四环节

课堂的第四环节主要是记忆游戏，现代教育主张"寓教于乐"，让学生在"做中学"，高职英语口语教学也不例外。教师可以让学生以小组为单位练习"What do you always do?"的句型及表达相关个人习惯的词汇，可以先让第一个学生说出自己的习惯"I always do sth."接下去的学生先说出自己的习惯，再重复说出前一个（或前几个）学生的习惯"I always do...she always does sth...he always does sth..."以此类推，逐渐增加难度，不断强化学生听的能力、记忆单词的能力和运用句型的能力。

6. 第五环节

课堂的第五环节主要是话题辩论，即先由教师给学生提出一个辩论话题，然后全班学生分成两大组，一组为正方，一组为反方。分组完毕后先让学生用十分钟的时间在网上自主收集相关资料，然后每组推选 4 名代表到台前辩论。正反双方的第一辩手先做一两分钟的个人总陈述，然后双方团队展开三五分钟自由辩论。此环节与高职英语口语技能竞赛环节紧密联系，具有较强的针对性。

（三）课堂总结与作业布置

在一节课的最后由教师做课堂总结，并给学生布置课后作业。教师将作业上传到在线学习平台，让学生课后自主完成。学生将完成的作业同样上传到平台，由教师在网络上评价打分。

随着社会对英语人才的需求逐渐增加，尤其是在"一带一路"的倡议下，高职教育应当更加重视英语口语教学，并且在开展英语口语教学时，应积极运用现代化的信息技术。信息化教学模式不仅能够有效激发学生的兴趣，提高学生的学习积极性，更能够翻转课堂，突出学生的课堂主体地位，给予学生更多的自主学习及实践机会。

第五章 基于有效教学的高职英语教学

高职英语作为各类高职院校的一门必修课,其教学效率的高低关系到能否培养出适应新形势要求的高级技术应用型现代人才。教学效率主要是指"教师不仅要及时有效地完成课程标准所规定的内容和要求,而且要使学生能理解、应用所学的系统科学知识和技能,并主动地、创造性地学习和实践;同时,在品德和操行上也得到多方面的陶冶"。就目前来看,高职英语教师基本上能及时完成课程标准所规定的内容和要求,但高职学生在经过两年至三年的高职英语学习后,英语应用水平和创造性学习能力依然不高,还远远不能满足当今社会对高级技术应用型人才的需求。因此,有必要对高职英语教学进行不断研究,在发现问题的基础上加以改进,实现行之有效的教学。本章主要对高职英语的有效教学策略进行分析、应用,对其经验进行总结,同时结合"课程思政"理念,探索高职英语有效教学的路径。

第一节 高职英语教学中的有效教学策略分析

一、有效教学的概念

有效教学特指教师通过教学过程的规律性,成功引起、维持和促进学生的学习,相对有效地达到预期教学结果的教学。所谓"有效",主要是指通过教师在一段时间的教学之后,学生取得具体的进步或发展。也就是说,学生有无进步或发展是教学有没有效果的唯一指标。教学有没有效果，并不是指教师有没有教完内容或教得认真不认真，而是指学生有没有得到什么收获或学生学得好不好。如果学生不想学或者学了没有收获，那么即使教师教得很辛苦，也是无效教学。

同样，如果学生学得很辛苦，但没有得到应有的发展，也是无效或低效教学。有效教学区别于低效、负效、无效教学的主要特征表现为正确的教学目标和高效的学习效果。鉴于有效教学是教师通过教学过程的合规律性，成功引起、维持和促进学生的学习，相对有效地达到预期教学效果的教学，是符合教学规律、有效果、有效益、有效率的教学，因此，笔者认为，有效教学的主要特征应是最符合有效教学的含义，最有助于有效教学目标实现的特征，它是通过教师的具体教学行为来体现的。

有关有效教学的诸多研究表明，教师对教学目标的明了程度不仅与学生的学习收获存在密切的关系，而且还与学生的满意度存在密切的关系。

（一）教学目标的指向性

教学目标的指向性是指教学要达到的效果和标准。教学是教师组织学生有目的、有计划学习的活动，教学的本质是学而不是教，"为学生学习而教"是教育的核心理念，也是教学的核心理念。"为学生学习而教"指定了教学的目标不是教师教什么、有没有教完教学内容，而是学生通过教师的教学学到了什么，即是否掌握了教学内容。正如有学者指出的那样："教育的真实目的是改变学生的行为，使他们能够完成那些在教育之前不能完成的事情。"根据这一思路，有效教学的目标不是教师在教学中教了什么，不是他们的教学是否努力、是否认真、是否科学，不是课堂是否活跃，而是学生在教师教学后的学习进步和发展。简言之，有效教学的目标指向学生的进步和发展。

有无进步和发展是对有效教学的质的界定,进步和发展的程度是对有效教学的量的把控。

(二)教学目标的全面性

主张有效教学的目标是学生的学习进步和发展,而不是教师教什么和如何教,也不是学生如何学,但这并不意味着后者与有效教学没有关系,也不是误导教师和学生忽视后者。相反,意在使师生意识到学生取得学习进步和发展这一有效教学目标的实现,是以教师认真努力、科学有效地教学和学生勤奋刻苦、科学有效地学习为基础,离开了教师的有效教学和学生的有效学习,是不可能实现学生进步和发展这一目标的。因此,实现有效教学的目标,需要教师认真负责地、科学有效地教学,也需要学生勤奋刻苦地、科学有效地学习。正确的教学目标不仅要将教学目标定位在学生的进步和发展上,而且要使学生的这种进步和发展具有全面性,是全面的进步和发展,即教学目标的全面性。

有效教学的另一主要特征是充分利用教学时间,创造高效的学习效果。时间是教育王国的金钱,教育需要时间。教师用时间提供教学服务,学生用时间购买学习。高效利用教学时间指单位时间内取得最佳的教学效果。很多研究表明,教师在教学中高效利用时间是有效教学的关键特征,并且能不能高效利用时间已成为区分有效教学和无效教学的重要标志。

(三)高效利用教学时间

在教学中,高效利用教学时间表现为以下几点:

(1)教学活动最大限度地指向教学内容,教师在课堂上过多实施课堂管理会造成教学中断,偏离教学内容的闲扯会占用并浪费宝贵的教学时间,不是有效教学的表现。

（2）将更多的时间用于与教学内容相关的师生相互作用和与学习直接相关的活动上，以减少用于课堂管理、维持学习秩序、交流学习规则以及与学习无关的活动的时间。

（3）通过教学的生动有趣对学生产生吸引力以及激发学生的学习动机来促使学生对学习更加投入，增加他们的有效学习时间。

（4）通过事先制订教学时间管理计划、教学实施计划，教学后评估时间利用情况来有效利用课堂教学时间，及时消除导致时间浪费的因素。

（5）向学生灌输时间重要性的观念，并通过对他们进行学习指导，既增强他们的效率意识，又培养他们单位时间的学习能力。

当然，有效教学还可能有其他特征，教师在有效教学的实践中，必须使自己的教学逐步具备或表现出以上所述主要特征，但也不必寻求统一的模式，完全可以表现出具有个人风格的有效教学，即展现出有效教学策略的多样性。

二、有效教学的内涵

笔者从事了多年的高职英语教学工作，在日常的教学实践中，常常听到一些教师抱怨：教师付出了很多努力，学生似乎并不领情；他们不努力配合教师，师生无法实现有效互动；教师的付出得不到应有的回报，从而导致英语课堂教学效率低下。经过多年来对高职英语教学实践的不断观察、总结，笔者认为课堂上发生如上各种教学效率低下的问题，责任并不全在学生。面对上述现象，作为高职英语教育的实施者——教师，不应只是"怨天尤人"，而应当从有效教学的基本内涵出发，寻找改进方法，提高高职英语课堂教学的有效教学效果。

（一）进行充分的教学准备

充分的教学准备指教师为确保一门课程或一堂课有计划地进行，而对教学活动的精心策划。教学是有目的、有计划的活动，不是即兴演讲，不能靠临场发挥，因而有效教学要以充分的准备为前提条件。从教学工作的基本环节来看，备课是教学的首要环节，充分的准备才能保证备好课，而备好课又是上好课的先决条件。研究表明，教师授课前精心备课、事先计划和组织好教学，可以减少教师授课后用在课堂组织和管理上的时间，使教师有更多的时间用于教学，学生也有更多的时间或机会进行学习，从而提高教学的有效性；相反，如果教师事先没有计划，在开始授课后花在教学组织上的时间较多，那么学生就不可能关注课堂教学内容，甚至可能丧失学习机会和表现出破坏性行为。

优秀的教师总是会在课前做好上课的各种准备，往往会做长时间的准备工作，其中包括研究教材内容、设计准备课堂具体的语言互动环节、预料课堂教学过程中可能出现的其他问题及应对措施等。同时也研究学生的具体学习情况及学习状态，根据不同学生的课堂角色为其设计相应的问题，使其尽可能地参与课堂活动。总之，优秀教师对于课堂教学的课前准备总是事无巨细，能做到有备而来。因此，花在课前准备的时间和精力总是远远超过了有限的课堂教学时间。所谓"课堂十分钟，课前十年功"的说法，就是成功教师的经验之谈。当然，对于课前精心充分准备的课堂教学，学生的学习效果也会更加显著，最终实现了教师的有效教学的目的。

（二）保障教学合理有效地开展

合理有效地组织教学是指教师对教学活动的合理安排。其具体表现如下：细致入微地设计各个环节的教学活动细节，科学分配知识讲解、提问、思考、作答的时间和学生积极有效操练的时间；应对教学过程中突发的情况，保证课堂教学的有序进行；顺利完成教学计划的授课内容。在教学中，时常听到有教师在下课后抱怨自己精心准备了一堂课，可惜没有上好，不是因为课堂上某个环节组织不当，就是由于学生的问题，使整堂课没有按照课前准备的思路顺利有效地进行。究其原因，是教师缺乏科学有效的教学组织能力。当然，"教无定法"，每个教学过程都是一次动态的探索过程。教师可以根据所教授课程的内容、上课的学生及当时的具体情况，对其教学计划及时进行适当的调整，以适应不断变化的课堂情况，同样可以顺利有效地完成教学任务，同时也体现了教学的灵活性。

（三）能将知识清晰地讲授

清晰的知识讲解就是教师清楚地讲授、解释教学内容，从而使学生达到正确地理解、牢固地掌握和有效地应用或迁移。可将清晰的讲解简单地定义为"教学清楚和易于理解"。

教育实践和大量研究表明，教学清晰明了能促进学生更好的学习，提高和改善学生的学习成绩，是有效教学的最重要特征。罗森珊和弗斯特总结了教师教学与学生成绩关系的多项研究，发现教学的清晰讲解能产生良好的教学效果。有学者研究后表明，教师清楚解释的能力是有效教学的重要品质。教师清楚讲授的能力比其他有效教学的特征更重要，清楚明了既是一种教学手段，又是学生要达到的目的。这就是说，有效教学是要通过教师清晰地讲解，以达到让学生清楚明了地掌握教学内容的目的。教师通过清楚明了的教学，能使学生更清楚、更准确地理解，能使学生取得学习进步和发展，以提高教学的有效性。

清晰的讲解包括教学目的明确、给学生提出的学习任务和要求明确，在教学中，学生知道自己应该掌握的内容和学习的重点。教师系统而有条理地讲授教学内容，有利于学生形成知识之间的逻辑联系，获得结构化的知识。教师对概念、命题、理论、原理的阐述简明、准确而不含糊，使学生易于透彻理解和正确掌握。教师讲授时表现出思维的逻辑性、表述的条理性，会对学生的逻辑思维能力产生积极影响。

（四）授课时保持热情饱满

饱满的授课热情指教师教学时通过语言、情感、动作等显示自己爱学科、爱教学、爱学生的热情，使教学充满感染力、影响力。教学是师生共同参与的智力活动，虽然课堂教学环境主要是信息、知识环境，但要实现认知的目标，教学总是在师生一定的情绪背景下进行的，师生的情绪状态是这一智力活动的动力因素，影响着教学的成败与效率。因此，要进行有效教学，引起师生的积极情绪无疑是十分重要的。有学者对教师行为与学生成绩研究总结后指出，教师在教学时的热情与学生的学习成绩关系密切。英国教育学家哈伦（Harlan）认为，教师有效教学的一个关键特征是教学的热情。

（五）激发学生学习兴趣

西方谚语说："你可以把一匹马牵到河边去，但你不能使其一定喝水。"同理，恰当的课程和好的教学非常必要，但并不能保证学生一定能学好。如果教学不能激励学生、使学生参与，教学就无法达到预期的目的；反之，教学只有激发学生的动机，调动他们的积极性，才能使他们主动地投入学习，并取得良好的效果。因此，有效教学以激励学生为特征。激励学生是指教学引起了学生的学习兴趣，激发了他们的学习动机，促进了他们对学习的主动参与和全身心投入。学习只有在学生感兴趣、有学习愿望和动机并主动投入的情况下，才能取得良好的效果。

三、高职英语有效教学的现状

（一）应试教育现象频发

目前，在各个高职院校，学生的各个科目的通过率都与教师的考核息息相关，学生的通过率也无疑成了高职英语教学的"指挥棒"。考试怎么考，往往就决定了高职英语教师如何教。于是，便形成了一个应试类的框架式教学模式。这样的教学模式，不仅不能提高高职学生对英语的应用能力，更无法引导高职学生主动学习，也就谈不上所谓的"学以致用"了。

（二）学生学习带有功利性

从高职学生角度来看，因为他们英语基础较差，很难从英语的学习上找到成就感，获得学习的价值感，所以他们本身对英语学习的热情也无法得到提升。大多高职学生学习英语的目的就是通过期末考试，加上他们本身英语水平的限制，导致学习的目的性单一，很难调动学习的积极性和主动性。

（三）教学与实际应用脱节

目前，高职院校学生为了将来找工作能够受到 HR 的青睐，都会努力考取相关的等级证书，以帮助他们能够得到面试的机会。但是这只适用于普通本科英语教学的等级考试，无法体现高职院校学生在英语应用上的优势。

高职院校在开展目标教学的活动中，确实在一定程度上让院校内学生的应试能力得以增强，但是从笔者收到的不少高职院校的应届毕业学生的工作反馈情况看，岗位中要求的语言能力与院校实际所学还存在一定差距，产生了与岗位要求脱节的现象。作为高职院校的英语教师，在教案设计上，应当重视语言实用性这个要点。

（四）教材内容缺乏多元性

当前，很多高职院校所使用的英语课程内容都是单一的模式，导致大多数学生不爱学习英语，尤其是教材中的内容无法激发学生们的学习积极性。事实上，教材中的内容相对简单，而且没能合理调配教学内容，无法反映学生的实际需求。即使教师根据课文内容为学生拓展新知识，也依然存在学生无法理解教材内容的情况。这在无形中给高职学生的英语学习带来了较大的困难。高职学生未来毕业后面临的最大问题是就业问题，基于此，高职英语教材内容的编排应该具有实用性，以便学生毕业后能够充分将校内所学知识运用到工作中。

（五）学生学习态度不端正

某些高职院校一直打着"毕业之后让学生百分百就业"这样的口号，这在无形中会让学生觉得学习对自己来说完全没有用处，反正毕业之后肯定是有工作的。这就大大降低了学生们的学习积极性。很多学生也觉得日常的英语学习对他们以后的工作没有什么帮助，导致一些喜欢英语的学生也慢慢丧失了对英语学习的兴趣。另外，学生们在课堂上开小差、玩手机、交头接耳等现象也严重影响了课堂教学的进度。

（六）教学手法有待革新

随着课程标准的不断改革，传统的教学方式已经不适应当代英语教学。高职院校的学生思维都是比较活跃的，有趣的课堂教学才能够吸引他们的注意力。随着时代的飞速发展，越来越多的人开始重视英语。因此，高职院校的英语教师应该革新自身教学手法，采用新颖的教学方式对学生进行教学，课堂教学模式也应该有所改变。学生如果对英语课堂产生厌倦感，就会严重影响英语课堂的有效性。在授课过程中，教师也应时常关注学生的动态，不应忽视他们的自学能力。比如，对于一个知识点，不单单要让学生理解，还应该让他们知道在现实生活中该如何使用该知识点。

（七）缺乏对课后布置英语作业的重视

中小学阶段，英语教师为帮助学生巩固所学，课后均会要求学生完成一定量的英语作业。但进入高职阶段后，很多英语教师忽视了布置课后作业的重要性，极少布置英语课后作业让学生完成。此种情况的存在并非个别现象，这对高职学生的英语知识掌握极为不利，也会让高职学生错误地认为英语学习在高职阶段已不再重要。为提升高职英语教学质量，此问题在将来也亟须解决。

（八）缺乏对学生口语能力的锻炼

在对部分高职学生进行调查时发现，有相当一部分学生表示，英语教师在课堂中从不引导学生开展口语交际；还有些学生表示，英语教师偶尔在课堂中引导学生开展口语交际。访谈中，有学生表示："英语教师在课堂中仅依据教材内容一板一眼地进行教学，极少或从不组织学生进行口语交际。在我看来，口语交际真的非常重要。如果我们将来能够进入外企工作，却不具备较强的英语口语交际能力，那么则很难真正胜任相关工作。这仅是举一个例子，大部分高职学生很难毕业后进入外企工作。但作为新时代的一名合格高职学生，我始终认为应具备一定的英语口语交际能力。也许，在今后的很多场合中都会用到。"

（九）缺乏对教学评价的认识

由于高职英语教材内容较多，但很多高职院校安排的英语课时并不多，这就会造成很多高职英语教师在课堂上忙于知识讲授，很少对学生实施教学评价。在对部分高职学生进行调查后发现，近半数高职学生表示英语教师极少对学生实施教学评价。此调查结果与现实相符。研究表明，在高职英语课堂中，教师科学的教学评价可有效激发学生的学习兴趣，切实促进教学质量的提升。因此，建议高职英语教师充分重视教学评价的重要作用，在课堂中给予学生积极、科学的教学评价。

（十）缺少同现代科技相结合的授课方式

高职院校的很多教学活动都是通过单一面授的形式开展的，即教师讲课，学生听课。作为高职英语教师，应该充分利用多媒体工具来辅助教学。这样可以淡化语言学习本身的枯燥性，增加课堂的互动性，提高高职学生英语学习的积极性。比如，在课堂中进行"微课"互动、PPT文稿衔接演示等。

四、高职英语有效教学的策略

（一）从实际出发因材施教

1. 采用分层教学法

高职生源的多元化使学生的英语水平参差不齐，因此在高职院校的英语教学中，实施分层教学应是当务之急。分层教学方法要求针对不同知识水平、不同英语基础的学生因材施教。当一个班级中学生的英语水平参差不齐情况明显时，就应该进行分班教学，如分成A班、B班、C班等。相关学者已经做了大量有关分层教学的研究。总体来说，实施分层教学时，要特别注意做好三个方面的工作：

第一，准确分析班级学生的具体情况。

第二，对学生进行分层的标准不仅限于学生的英语成绩，也可根据学生各个层面的不同情况和问题进行划分。

第三，要具体情况具体分析，"对症治疗"，即因材施教。

2. 针对具体情况具体选择教材

灵活选用教材，实现高职英语教材的有效使用和建设，高职院校在教材选用上历来都是灵活多样的，这也是高职教育灵活性的体现。高职英语教材的有效使用和建设应该注意以下四个方面：

第一，从高职学生实际需要出发，选取实用的、具有高职特点的新型教材。

第二，精选教学内容，体现高职英语"够用为度"的原则。

第三，采用科学合理的教材。

第四，加强校本教材的建设与使用，对于实现高职英语有效教学具有重大的作用。

3. 革新教学硬件

优化教学设备，普及多媒体辅助教学，利用先进的现代科学与技术，真正实现高职英语课堂的有效教学。

（二）改革教学方法

教学方法的改革是教学改革中尤为重要的一步。有研究者认为，在教学中，教师的职责重心已由传递知识向激励思考转移。因此，就有"外语是学会的，不是教会的"这一经典说法。教师应认真考虑学生的实际需要，根据需要推动和鼓励学生学习，进而实现有效教学。

（1）以学生为主体，强化学生的课堂参与意识，保障课堂有效教学效果的实现。

（2）采用高职英语课堂有效教学策略，提高高职英语教师的有效教学能力。要提高高职英语教师的有效教学能力，就要从提高高职英语教师传授和培养知识技能的能力和加强高职英语教师在教学过程中教学组织的能力两方面入手。

（3）完善高职英语教学评估体系，体现教学评估的有效性。

（三）提升教师自身科研能力

目前，我国高职院校的英语教师普遍以教学任务为主，科研意识淡薄。教师的教学任务繁重，其科研的能力和精力相对有限。我国高职院校英语教学研究的现状，使高职英语实际教学缺乏必要的、科学的理论指导。我国高职院校公共英语教学仍处于发展中的摸索期。高职英语教师可以一边教学，一边研究教学理论，使自己的教学能力在教学实践与理论研究的同步发展中得到提高，从而使自己的业务综合能力得以提升。为此，笔者呼吁高职院校除了重视高职英语教学，也应该尽可能地为广大英语教师创造更多的科研机会，使高职英语教学水平随着高职英语教师的科研能力的提高而提升。

（四）科学运用多种先进的教学方法

1.实施差异化的教学

课堂教学只有立足学生的个性差异，满足学生个体学习的需要，根据每个学生的知识基础、认知结构、学习兴趣、学习态度和风格等不同特点，实施差异化教学，才能有效促进学生在原有基础上充分发展，提高课堂教学有效性。分层递进教学作为差异化教学的重要实施途径，应该在有效教学的课堂中得以应用与实施。

应当根据学生的兴趣与需求来实施差异化教学，依据学生的专业、爱好、未来规划来制订有针对性的教学计划与教学目标，避免教学统一化，从而提高学生的学习兴趣，并能使校内所学内容在未来工作环境下得以有效运用。

根据对高职学生成绩分析的结果，学生的英语水平差别很大，如果强行实行统一的教学标准，必定会使相当一部分学生因无法跟上整体教学进度而被迫放弃，这不是我们想看到的。唯一能有效改变这种状态的方法就是根据学生的英语基础水平进行分层次教学，这是一种在英语课堂中实行与各层次学生能动性相适应、着眼于学生分层提高的教学策略。可由学校安排合适时间对学生进行一次入校后的英语摸底测试，综合高考和测试成绩把学生学习起点分为低、中、高三个层次，并且给学生留有自主选择和拓展的余地。

2. 开展情境教学

英语情境教学是指在教学过程中，教师尽力创设一个集视、听、说于一体的语言环境，有目的地引入或创设具有一定情绪色彩的以形象为主体的生动具体的场景，以引起学生一定的情绪体验，从而帮助学生理解和获取知识或技能，并使学生的心理机能得到发展的教学方法。

第二节 高职英语教学中有效教学策略的应用

一、高职英语有效教学的要求

高职英语有效教学的特征对高职英语有效教学提出了相应的要求，高职英语教学必须符合其教学规律，强调教学效果，注重教学效率，产出教学效益。

（一）教学应当符合高职教学规律

高职英语教学规律是以"坚持工学结合、知行合一、德技并修"的教育理念为指导，将语言学习与职业技能培养有机整合，在教学过程中体现职业性与应用性，提高学生的英语交际能力与综合职业素质，从而提高学生的就业能力；因此，在高职英语教学中，教师只有结合这些规律，才能制订切实可行的教学目标和计划，科学地运用教学方法、手段及策略，提高教学效率，从而取得相应的教学效果，实现学生全面持续的进步与发展，实现教学的效益。

（二）教学应当注重教学效果

高职英语的教学效果就是英语教学活动的结果，即学生所获得的实际进步与发展。教学效果与结果的好坏无关，也不涉及教学所得是否与教学中所投入的精力、物力、时间成正比。具体表现如下：经过一段时间的学习后，学生的英语基础知识、听说读写技能、学习方法、学习兴趣以及英语文化意识等比之前有了较大的提高或发展，学生有无进步和发展是衡量教学有没有效果的唯一指标。只有注重教学效果，关注学生通过学习以后哪些方面取得了进步和发展，才能真正促进英语的有效教学。

（三）教学应当注重教学效率

高职英语的教学效率是指通过有效的教学行为，在尽可能少的教学投入（时间、精力、努力等）内获得最大化的教学效果，即最大限度地促进高职高专学生综合语言运用能力的发展，也就是学生学习英语的高效率。以《职业综合英语》第一册的写作教学为例，本册要求学生掌握英语信封、公司简介、会议议程、邀请函、备忘录、投诉信、感谢信及英文简历的写作，如果通过一个学期的教学活动，学生能够掌握这些写作技巧，并可以在工作中熟练运用，那么本学期高职英语的写作教学是有效率的，由于高职学生在校学习英语的时间非常有限，因而教师只有采用科学有效的教学方法，高效地利用时间，尽量减少与教学内容无关的活动，才能在有限的教学时间里让学生学到尽可能多的知识，使英语运用能力得到最大限度的提高。因此，可以说提高教学效率是有效教学的基本保障。

（四）教学应当培养教学效益

高职英语教学效益指教学效果与教学目标相吻合，满足社会和个人的教育要求，使学生得到可持续的发展。这主要表现在学生通过高职英语学习，获得丰富的基础语言知识，在听说读写方面达到大纲的要求，能从事与岗位相关的活动，能进行简单的书面或口头交流，自主学习能力得到一定的提高，形成一定的跨文化意识。高职英语教学是否达成教学目标并体现出价值，必须看它是否产出效益。

二、有效教学策略在实践中的应用

（一）有效教学的课前导入

"良好的开端是成功的一半"。导入是英语教学的第一个环节，大多数教师把更多的精力和时间用于如何进行知识的讲解，却往往忽视了教学的第一个环节——导入环节的准备与设计。

一般而言，一堂课有三个阶段：导入、正课和总结。教师在导入阶段就要以教学的艺术魅力激起全体学生的兴趣，为下一步教学的顺利展开奠定良好的基础。就高职英语教学而言，无论是词汇教学、语音教学、语法教学，还是篇章分析教学，都应该力求像一部完美的交响曲的序曲那样，第一个音符就拨动听者的心弦，在学生内心产生共鸣。因此，就有"好的教师不仅善于教，而且长于导"这样的说法。

课堂导入环节可以引起学生的注意力，好的导入甚至可以激发学生对英语学习的兴趣，为接下来的课堂讲解环节做好准备，从而提高英语课堂有效教学的效果。

（二）有效教学的课堂讲解

1. 语篇分析

语篇分析是指以语篇为基本单位，从语篇的整体出发，对文章进行分析、理解和评价，其中包括语篇的主题分析、结构分析以及文体分析。

在高职英语教学课堂讲解环节中，要突出语篇教学。句子水平上的教学只能培养语言能力，要培养交际能力，必须把教学水平提高到语篇水平。语篇分析对于学生了解文章内容、作者写作方法以及以英语为母语时的思维习惯有很大帮助。

一直以来，语篇分析广泛应用于英语专业的语言教学，但在高职英语教学中未受到足够的重视。事实上，不少从事高职英语教学的教师花费了大量的时间和精力讲解词汇、语法结构，教学的效果却仍然不尽如人意，学生对整篇文章的理解是支离破碎的，自然也就没有欣赏文章韵味和哲理之心，课堂的趣味性也会随之降低。

高职英语教学要重视语篇分析，这样才能让学生准确地把握一篇文章的脉络和寓意。而且，语篇分析在很大程度上可以促进非英语专业学生英语写作能力、听说能力的提高，能够激发他们阅读各种题材英语文章的兴趣。

2. 课堂提问

在课堂教学中，教师们已经习惯运用的启发式教学方法就是提问，提问已经成为课堂教学中必不可少的一部分。

学生的学习过程实际上是一个不断提出问题和解决问题的过程。课堂提问有设问、追问、互问、直问和反问五种类型。教师在提问时，要注意问题的科学性，要有助于学生思维的发展，要遵循量力性原则（对不同水平的学生提出不同深度的问题）、阶梯性原则（问题要由浅入深，由简到繁）、整体性原则（围绕课文中心，提出相辅相成、系统性强的问题）、学生主体性原则（引导、鼓励、启发学生发现和提出问题，发表创新见解）、精要性原则（提问要精简数量，直入要点）、趣味性原则（提问要有情趣、意味和吸引力，使学生在愉悦中接受教学）、启发性原则（激发学生积极思维活动）、激励性原则（说一些赞扬的话，如"Good job""Well done"，加以鼓励）。只有这样，课堂提问才能启发学生领会教学内容，检查学生掌握知识的情况，培养学生的创造性思维，调动学生的学习积极性。研究课堂提问对于课堂教学具有十分重要的现实意义。

相关学者以某学院若干班级作为研究对象，对授课教师及学生采取访谈、听课、问卷等方式进行调查。从调查结果发现，高职英语课堂教学提问环节存在一些普遍的现象或问题：其一，教师在提出问题之后，候答时间较短。其二，在课堂问答过程中，教师与学生的对话方式显得局促，气氛显得过于严肃，尤其是学生会有紧张之感。其三，教师对学生的反馈以简单的表扬为主，随即附上解释，给学生的话语权极为有限。

（三）有效教学的课堂活动组织

交际语言观认为交际能力的获得与发展主要靠学生的内在因素，在课堂操练（活动）环节中，教师不再是传统意义上的"知识传播者"，而是学生学习的帮助者。在课堂操练（活动）环节中，学生应是核心。但教师的作用仍然很重要，如在知识上、心理上帮助和指导学生，观察和分析学生的活动，了解和分析每个学生的优势和劣势，发现教学中的不足并加以弥补等。这种交际性的课堂教学操练活动要比传统的教学活动更为有效，当然对教师的要求也更高，即要求教师必须具备很强的观察能力、分析能力，以及对教学内容的临时整合能力和对课堂教学的组织能力，特别是在教学班级人数较多的时候，这种组织能力就更为重要了。

哈默曾把外语教师的角色定位为控制者、评估者、组织者、促进者、参与者和资源提供者。也就是说，在课堂教学操练活动中，教师应综合以上角色，既是组织者、导学者，又是学习者和参与者。

课堂操练（活动）环节可以多种多样，如结对练习、小组合作、个人活动、讨论、总结、翻译等。

三、在听说读写译中的具体应用

（一）听力教学中的有效教学

1. 强化学生的英语基础能力

除了要做好课程标准要求的词汇教学，教师还应当鼓励学生进行广泛的阅读，掌握重点词汇的一词多义，记住固定词语搭配、常用短语和习语等，为听力理解能力提升奠定良好的词汇基础。此外，还要注重学生语音能力的提升，因为引导学生养成标准的发音习惯是十分重要的。同时，也要在教学过程中引导学生区分英式英语和美式英语在发音上的区别。

2. 强化学生的文化积累

在日常教学中，应该有意识地对高职生进行西方国家文化的熏陶，激发其兴趣，使其掌握一定程度的英语文化知识，具体可以从阅读书籍、观看电影与电视剧等学生感兴趣的方式上入手，这样相较带着空白的知识去完成听力训练要有效得多。知识背景是提升学生语言能力的重要元素，是学生克服听力障碍的一个关键所在。教师在组织学生开展英语教学活动时，需要将英语知识与欧美文化紧密地结合在一起，使学生能够更好地理解英语知识，对英语知识有一个正确的认识。

3. 注重学生听力技巧的训练

猜词是听力训练中常用的手段。当听力材料中出现生词时，学生就无法准确理解听力材料的内容，为学生开展听力练习活动带来一定的障碍。为降低生词对学生听力练习的影响，学生需要根据上下文及前后句的意思，对听力材料中所出现的生词进行猜测，以有效降低听力难度。帮助学生有效地分析理解题干，推测文章内容和重点，能够更加有效地把握文本信息，找出关键信息回答题目。同时，在日常的听力训练过程中，应该让学生有意识地去模仿听力对话，学习真实对话中纯正的语音语调，最好能够复述出文章大意，这样能在很大程度上促进学生听力水平的提高。

（二）口语教学中的有效教学

1. 发挥情感教学作用

教师要有意识、有目的地发挥情感教学的作用，深入了解高职学生的心理特征和生活特性，然后在课堂上充分发挥情感教学的作用，让学生感受到英语口语的温暖，消解他们心理上的排斥与抵触。要时刻注意帮助学生树立自信心，帮助他们克服对英语的恐惧心理，满怀热情地启发、引导学生进行英语口语训练，避免出现各种形式的消极暗示，使学生能够真正地在一个愉悦、和谐、轻松的学习环境中消除自卑和胆怯情绪，进而静下心来学习英语口语，切实提高自身的英语口语水平。

2. 开展多样化活动

为了提高学生的英语口语基础，帮助他们树立正确的学习观念，高职学校需要从学生现有的学习情况和课堂教学活动的组织两个方面来考虑。多样化口语实践活动的组织，能使学生意识到英语口语教学也是非常生动有趣的，可以激发他们参与的兴趣并缩小学生之间的差距，从而有利于全体学生英语成绩的提升。

3. 结合学生所学专业

在教学过程中，很多学生错误地认为把自己的专业学好就可以，英语和自己未来的职业没有多大关系，所以英语学不学不重要，进而对英语口语也不重视。鉴于这种情况，首先，要让学生正视现在的市场需求，让他们意识到英语交际能力的重要性，进而端正态度，对英语口语有所重视；其次，在教学过程中，应结合学生所学的专业实施英语口语教学。例如，在给会计专业的学生授课时，应当多偏向经济学的词汇及商务英语知识，让学生感到英语的学习不只是为了应付考试，而是真真正正地在为他们未来的职业生涯助力。

（三）阅读教学中的有效教学

1. 在教学中养成良好阅读习惯

要培养学生良好的自主阅读习惯，就需要教师在阅读教学上扮演好组织者、协调者、评价者和监督者的角色。教师可以通过安排好读书任务，让学生自己完成，使学生能在自我调整中更积极地阅读；还可以通过采取合理的评价和激励手段，促使学生养成自觉高效的读书习惯。在阅读练习中，教师应要求学生学会带着问题去阅读，明确目标，提高阅读速度；要指导并训练学生根据不同的阅读目的采取不同的阅读方法，从而提高阅读的效率；还要鼓励学生养成边阅读边记录好词好句的习惯，做好知识储备与归纳。

2. 利用网络拓宽阅读面

网络空间中有大量的英语阅读资源，可通过构建网络阅读资源库的方式，优化整合各类阅读材料。教师可按照主题、难易度等标准，把不同的阅读材料进行归类，并借助学校的网络教学平台，建立适合高职学生的英语阅读资源库。网络环境下的阅读辅助教学，应以任务驱动为核心，突出学生的主体地位，重视过程性评价。通过巧用网络资源，可激发学生自主学习的热情，改变传统教学模式，扩展学生的阅读面，增加学生的阅读量，提高学生自主学习、获取信息的能力。

3. 教学中强化语篇阅读

在信息化时代，为了强化专业语篇阅读，一方面，学生要加强基本英语词汇的积累，熟悉常见的构词法，扩充自身的词汇量。另一方面，要加强对专业词汇的积累。以商务英语阅读为例，要通过强化阅读来加以巩固，在阅读过程中要注意商务情境中词汇的不同含义。学生也可以借助各类记忆单词的 App（如百词斩）来加强对词汇的积累，此外，专业语篇阅读技能的提升与丰富的专业背景知识也是密不可分的。

4. 利用现代科技提升教学效果

在英语阅读课程新课教学之前，教师可以利用信息技术为学生布置相应的学习任务，让学生能够直接通过网络来操作完成。例如，可以让学生自主上网搜索与课题相关的背景资料，也可以直接给学生提供对应的学习网站，或者给出对应的搜索范围，让学生进行自主搜索，以此有效提升学生的信息获取能力。

（四）写作教学中的有效教学

1. 在教学中培养学生文化思维

防止学生出现语法、句法等错误固然是语言教学的重点，但语际语言错误绝对不容忽略，这反映了语言学习者的外语思维能力、对外语的深层领会与运用能力。在英语写作训练时，为避免受母语负迁移的影响，教师要特别注意对学生英语思维能力的培养。为了能够更有效地训练英语思维，教师要鼓励学生平时尽量使用英语词典，在英汉互译和具体情境中练习用英语的思维方式去理解生词或短语，以逐渐达到对英语词义透彻理解和标准运用的程度；对比分析英汉两种语言的用词结构、句子结构、篇章结构，培养目的语思维能力，同时也要增加英语文化教学的比重，提升学生跨文化交际能力。

2. 强化学生思维逻辑

在英语教学中，教师应在引领学生发现自己的表达方式与思想、运筹语言表达形式的过程中，尽可能地为学生了解自己思想产生的特定方式和复杂过程提供可能，为他们产生各种思想火花和独特的思维提供可能，也为其感受思想产生的兴奋和快乐提供可能。教师除了选择或创造能够激发学生思考或思辨的素材与任务，还要设计写作课上特定的交流方式，让学生能够在与教师、同学和其他环境因素交流的过程中产生思维的碰撞。

3. 激发兴趣

兴趣是一种对特定情境的情感反映，并非固定、静止不变的。学生对某些事物感兴趣或不感兴趣不是与生俱来的。因此，在写作教学中，教师完全可以通过自己的精心设计，将学生也许最初不感兴趣的话题或任务，转变为能使其产生兴趣、激发挑战欲的写作活动，从而将起初的外部写作动机成功地转化为内部动机，激发学习者的写作潜能。因此，以学生为中心，科学设计写作任务和教学活动，调动学生的主观能动性与参与积极性非常重要。教学中，教师应将写作教学和学生的实际生活联系起来，与学生的人文情怀和兴趣爱好联系起来，通过布置有一定交际意义的任务来激发学生的自主写作意愿。比如，通过动笔记录某些思想的欲望，愿意与同伴和教师分享自己的观点和体会，或通过制造课堂交流者之间的"信息沟"，让学生产生创造意义和获取信息的诉求。这样，就有可能让学生产生一种来自内心的真实冲动，即写作动机。教师可以给学生提供一篇小说的开头或片段，留给学生充分的想象空间，在形式上打破以往各类体裁的固定模式。

4.关注写作过程教学

我国英语写作教学多采用以行为主义理论为基础的结果教学法。这种传统的写作教学方法主要表现为"学生单独写作，教师单独评阅"的一种单项交流的模式，学生把写作看作一次性行为，把初稿当作成品，无法从教师的评改中获取有益的启示。与传统的写作教学方法相比，过程写作法以写作过程为出发点，将写作过程视为教学的中心，使学生充分投入写作的各个环节和过程，最终获得较好的成稿。

不同的想法和看法，可以获得思想的互补、心灵的碰撞、观念的冲突，最终产生富于思辨性的创新观点。例如，一谈到"如何保护环境"，一般都是乘坐公共交通、多植树造林等，罗列的多是一些浮于表面、较为肤浅的现象，然而如若组织得当，引导学生联系生活、深入挖掘，一些学生便可能会结合当前网购热的现实状况，提出"Buy your necessities for life locally"（在当地购买生活必需品）创新性观点，以减少运输、保鲜等资源耗费的方式来保护环境、节约能源。

（五）翻译教学中的有效教学

1.改革教学模式与理念

在高职院校的英语翻译教学工作中，想要切实提高教学的效率和质量，就必须要求教师创新教学理念和教学模式，提高学生的学习积极性。学校对教学的教材要进行适当的更新和拓展。目前，我国很多高职院校在教材方面存在一定的落后性，这一点无法改变，但是教师在教学之前的备课阶段，可以通过互联网等方式进行教学内容的搜索，对教材内容进行适当的拓展和更新，丰富教材内容，使学生接受最新的知识熏陶。

2. 注重实践翻译

英语翻译不同于其他学科，它需要学生勤学苦练，并且注重实际效果。教师可以利用早自习的时间，让学生朗读和背诵经典的英语翻译，在加深学生理解的同时，锻炼他们的口语表达能力。英语的翻译在实际运用过程中主要是通过口语，所以扎实的口语功底对提高英语翻译水平具有重要的作用。教师还可以在课堂上展开小组讨论，围绕一个话题让学生阐释自己的观点，这也是将汉语翻译成英语的一种形式。这一过程中，教师可以更好地和学生进行互动，发现学生在翻译和表达过程中存在的问题并及时纠正。另外，由于中西方存在文化差异，因此，学生在翻译的过程中可能存在误会或者是不到位的地方。只有通过不断的学习和实践，才能够发现其不足之处，从而减少错误，提高翻译的准确性；只有相互交流，才能共同进步；只有多加实践，才能让学生获得真知。

3. 丰富课堂内容

因为高职院校的学生学习英语翻译主要是通过课堂教学，所以教师要不断丰富课堂教学的内容，变换教学的形式。多媒体技术可以使课堂教学变得更加生动和形象，这就在一定程度上降低了英语翻译教学的枯燥性，可让学生主动参与其中，并且在翻译的过程中感受到语言的魅力。需要注意的是，在课堂内容的设计和安排上，教师要根据课程标准的要求，着力提高学生的应用能力。对于学校而言，可以设置或搭建相应的网络学习平台，让学生在课堂之外通过平台进行自主学习并锻炼翻译的能力，最后结合课堂上教师所讲的内容，举一反三，夯实翻译基础。

4. 注重文化差异

高职院校的英语翻译课程使学生在学习的过程中存在困难，主要是由于其对西方文化的认识和理解不足，所以教师需要加强对学生文化素养的培养，加深学生对西方文化的理解。教师在教学时需要在进行专业知识教学之余穿插一些与课程相关的西方文化背景知识，使学生能够加深对知识内容的理解和掌握，提高其英语语言的驾驭能力。

第三节　高职英语教学实践中有效教学策略的经验总结

针对目前我国高职英语教学中存在的问题，笔者结合多年的高职英语教学的实践经验，通过对高职英语有效教学的理论研究和实践探索，提出以下对高职英语有效教学的经验总结，以期为各位高职英语教师的教学提供参考，进而对我国高职英语有效教学的改革进程起到推动作用。

一、注重对学生兴趣的培养

心理学家研究认为，兴趣是人对事物积极而持久的认识倾向，它与大脑皮质中思维活动的兴奋中心相伴随。学生一旦对英语产生兴趣，就能极大地提高英语学习的积极性、主动性和创造性。正所谓"知之者不如好之者，好之者不如乐之者"[①]。所以，要提高高职英语课堂教学各个环节的有效性，首先要培养学生的英语学习兴趣，当然，培养学生英语学习兴趣与高职英语课堂教学内容和教学方法存在直接关系，要注意以下几点：第一，教学方法要灵活多样，教师语言要生动幽默，善于启发诱导，从而激发学生的学习兴趣。第二，通过各种生动活泼的形式引导学生学习英语，逐渐培养其对英语学习的兴趣。第三，强化兴趣刺激物，为学生创造成功的条件，使他们在满足感中生发学习兴趣，如试卷难度要适中，使学生感到英语不难学。第四，

---

① 《论语·雍也》。

进行学习英语目的性教育，远大的目标能够促进有趣向乐趣和志趣转化。第五，营造融洽、轻松、和谐的学习氛围，创设语言和问题情境等，以激发学习兴趣。第六，经常介绍所学英语国家的文化背景知识，以唤起学生的学习热情与兴趣。

二、分析学生学习动力不足的原因

部分学生英语学得不理想，其根本原因就是缺乏强烈的英语学习动机，加上没有掌握英语学习的正确方法，确切地说是缺乏真正适合自己的学习方法，因为"学习好的学生是那些掌握学习方法、懂得如何学习的学生"。

造成学生英语学习动机不足的原因主要如下：①不感兴趣，或者其他课程的学习负担很重，难以兼顾。②英语基础差，对自己没有信心，知难而退。③教师教得不得法，英语教学条件差。④学生学得不得法，总感觉自己的英语学习是"事倍功半"，甚至是学了很久，却看不到任何进步。⑤认为英语与自己的专业或工作没有多大关系。⑥缺乏远大理想，性格内向，怕说错了丢面子。

三、激励学生增强他们的英语自信

在高职英语学习中，信心主要体现在两个方面：学生对教师的信心和学生的自信心。教师应该创造一个惬意的语言学习环境，满足学生的心理需要，并把学生的焦虑降低限度。因此，高职英语教师在英语教学实践中，应注意做到以下几点：

第一，创造愉快、民主、友好、和谐的课堂氛围，因为这种课堂氛围是帮助学生克服心理障碍、降低焦虑的有效途径。

第二，正确对待学生的语言错误。对于学生所犯的语言错误，只要不影响正常交际的顺利进行，教师应采取宽容的态度，这样有利于减轻学生运用目的语时怕犯错误的心理压力，增强他们的自信心。

第三，课堂操练首先要扫除语言障碍，以增强学生的自信心，确保学生人人都能开口。另外，课堂教学交际化可以弥补学生的性格缺陷，使内向型和外向型性格的学生形成互补，是克服情感焦虑的有效途径。

第四，在课堂上，教师既要鼓励学生大胆使用英语进行交际，也应允许学生沉默不语。勉强要求他们回答问题、表达观点，会使他们增加心理负担，从而增加其焦虑感。因此，课堂上英语教师的耐心尤为重要。

第五，教师要对学生之间存在的差异采取宽容和接受的态度。

四、培养高职学生英语自主学习能力

（一）自主学习能力的含义及特征

20世纪80年代，英国教育学家霍莱克首次提出自主学习这一概念。他认为自主学习能力或学习者自主性是学习者自我承担学习责任并可以在具体情境中实施的潜在能力，具备该能力就意味着学习者具有掌握学习目标、方法、内容、态度及开展自我评估的能力。现代教育学认为，自主学习是指学习者在教师指导下，可以独立自主研究特定学习对象并获取一定能力，最终用该技能或知识完成整个学习的过程。自主学习能力的特点如下：首先，学习者可以确定适合的学习目标、学习方式、学习内容、学习机会等；其次，学习者可监督控制自我学习过程、学习计划实施、学习技能运用与发展及检查评估；最后，学习者可改正、完善自我认知与评价，继续提高学习能力与应用能力。

（二）培养学生自学能力

首先，自主学习能力培养符合高职英语人才培养目标的要求。教育部对高职英语课程教学的基本要求就是要培养高职学生对英语的实际运用能力，彰显英语教学的实用性。这说明高职英语教育要培养的学生应该能直接步入社会，能从事英语实际工作，英语课程的建设及教学活动组织要以培养适合一线岗位人才为中心。因此，课堂教学不能一味地灌输理论知识，而是要积极引导学生养成自主学习的能力，让其在实际的工作中具备可持续发展的英语能力。其次，高职学生英语学习特征决定了自主学习能力培养的必要性。根据调查，60%的高职在校学生因英语成绩偏低、英语词汇储备不足、接受能力差、纪律与学习观念淡薄等因素，对英语学习存在排斥心理，甚至产生了一定的生理、心理问题。很多高职学生在英语学习中常出现失衡、自卑及焦躁心理，进而导致丧失英语学习的目标与动力。同时，高职学生英语学习缺乏持续性与稳定性，在英语学习活动中常出现无计划、随机性和短暂性现象。因此，只有提高高职学生英语自主学习能力，才能让其在学习中形成对英语学习目标、学习方法、学习工具以及职业发展方向的正确认识。

（三）设置学习目标

清晰的英语学习目标可为学生产生英语自主学习的动力奠定基础，因此在高职英语教学活动中，教师要注重引导学生明确英语学习目标，并指导学生进行自我调整与调控。首先，高职教师可将英语教案向学生进行展示，让其对英语学习阶段及学习目标形成初步了解。其次，教师必须重视对学生阶段性目标的引导，通过阶段性目标了解学生学习状况及自主学习能力的进展情况。最后，教师在引导学生学习的过程中，要对目标下的学习活动、学习习惯、学习方式进行反馈，并指导学生对自我学习进行评价与调控，让其养成自主学习的习惯。

五、提升教师的专业素质

教师专业素质是从事教师职业所必备的基本素质要求，是在个体一般素质的基础上形成和发展起来的教师职业的基础性和通识性素养和品质，是基本胜任教育教学工作的教师必备的专业品质，包括教师的职业道德，学科专业知识，教育理论知识，基本的教学组织能力、态度、情感和价值观等。

学生素质的提高依赖于教师素质的提升，任何教育的实施都是由教师来完成的，教师毫无疑问起着决定性的作用。因此，提高教师的专业素质已成为有效教学的重中之重。针对目前一些高职英语教师自身英语水平不低，但知识结构单一、教学理念落后的现状，笔者认为，要提高英语教师的专业素质，应该从转变教学理念和开展"双师"建设这两个方面加以改进。

六、完善英语教学评价机制

高职英语的教学不仅要注重对学生语言知识与技能的培养，还要注重对学生口头交际能力的培养。如果要真实地反映学生的语言能力，不能依靠单一的测试和评价方法来考核。目前，高职院校虽然采用了形成性评价与终结性评价相结合的考核方式，但终究没有落到实处，不能全面客观地反映学生的真实水平。

教师既可以通过测验作业对学生进行评价，也可以通过课堂活动对学生进行评价，还可以结合日常评价与定期评价、课堂与课后表现、能力与知识水平、师评与生评、校内与校外表现等对学生进行评价，提高平时成绩在学期总评中的比例。教师还可以根据学生情况制定评定标准，这样就可以避免平时成绩的随意性。

第四节 高职英语课程思政教学实践路径探究

一、课程思政的内涵与价值

（一）课程思政的内涵

高职教学的主要目标是培养符合时代需要的专业技术人才。高职教学应当为社会主义建设事业服务，培养具有良好专业技术和优良思想文化素质的应用型人才。因此，高职教学必须注重优化学生的思想政治意识、核心意识和情感思维方式。

高职英语课程同样具有进行思想教育的教学义务。教师应当借助丰富的英语课程教学资源开展思想政治教育工作，并借助英语文本赏析活动优化学生的思想观念。教师必须将高职英语教学目标作为重点，在英语教学资源的辅助下，以情境化、趣味性、游戏化的方式优化学生的思想，在英语课程中融入思想教育的因素，从而达到有效优化学生思想意识、促进学生以正确态度对待域外文化、全面提高学生综合素质的目标。

（二）课程思政的价值

在互联网时代，学生接收信息的方式更加多样，互动学习已经成为重要趋势。高职英语教学与课程思政的有效结合，不仅可以激发学生探究英语知识的兴趣，而且可以在英语教学中更好地优化学生的思想价值观念。以往单纯依靠思想政治课堂进行思想教育的方式已经不符合时代发展的要求，深入挖掘各学科的思想政治教育因素，可以达到潜移默化和事半功倍的思想引导效果。英语课程中的思政引导既有助于发挥英语课程的工具价值，又有助于提高学生的思想水平，从而达到全方位育人的目的。

立德树人是根本性的教育任务，英语课程与协同教育相融合可以全面提高学生的思想水平，使学生更深刻地理解和掌握英语文化，弘扬我国优秀传统文化，增强文化自信，从而有助于达成全面提高学生综合素质的教学目标。

二、高职英语教学中实施课程思政的可行性

高职英语与思想政治教育虽属两种不同的课程，但其在教育总体目标、课程性质、教育对象等方面存在共通之处，且教育主体均以立德树人为己任，两类课程在育人目标和价值取向上同向同行，形成合力，产生协同效应。

（一）高职英语同时具有知识性和人文性

语言是文化和思维的载体，英语不仅是一种交流的工具，更具有人文属性，这意味着高职英语课程承担着提高学生综合素养的职责。高职学生在学习英语的过程中，不仅学习语言知识，还学习其中所蕴含的丰富的文化历史内涵。高职英语的人文属性可以培养学生的爱国情怀，增强他们对祖国的认同感。教师还可以通过中西方文化的差异对比，引导学生树立正确的世界观、人生观、价值观，帮助他们养成优良的品格。高职英语同时具有知识性与人文性，发挥着以文化人、以文育人的思想政治教育功能。

（二）高职英语教学与思政教育相互促进

高职英语教学与思想政治教育都是在马克思主义思想的指导下，培养学生德、智、体、美、劳全面发展，将社会主义核心价值观内化于心、外化于行的教育活动。另外，丰富多样的英语教学法与课外活动有利于思想政治教育融入，同时能够更加有效地服务于思想政治教育。因此，思想政治教育可保障高职英语教学的正确方向，高职英语教学为思想政治教育提供创新方法和途径，两者相辅相成、相互促进。

三、当前课程思政实施的问题

（一）教师对课程思政的认识不足

高职学生的英语基础普遍较为薄弱，许多高职教师在英语教学的过程中，多以传授英语知识、培养学生的听说读写译等英语技能、提高学生的英语水平为主要教学目标，从而忽视了意识形态方面的教育。有些教师甚至认为思想政治教育应该是思政教育工作者的职责，英语教学的任务就是要帮助学生通过各种英语等级考试，对课程思政的认识不够深刻，使"大思政"的概念不够清晰。另外，大部分高职院校只开设了一个学期的基础英语课，学时短，任务重。因此，在有限的时间内，教师只能将英语知识的讲解放在第一位，从而忽视了英语课堂的思政育人功能，这不利于培养学生高尚的道德情操以及坚定的理想信念，"三全育人"模式无法得到有效开展。因此，加深英语教师对课程思政的重要性和必要性的认识是高职英语教学亟待解决的问题。

（二）教材中的中华文化有所缺乏

语言中蕴含着文化，文化的传播通过语言的学习与交流得以实现。教师的讲授内容以及所使用的教材是高职学生语言文化习得的主要来源。而职业教育的突出特点就是职业性和实践性，这就决定了高职英语教材以培养学生在日常生活和职业场景中的英语应用能力为重点。

高职英语教材要和学生所学的专业以及将来的就业相结合，最大限度地服务于学生的综合素质提升、核心能力培养和其专业发展。以高职《新技能英语（高级教程）》第一册为例，该教材中每个单元主要包含九个模块，以听说读写译以及语法知识的讲解为主要内容。每个单元都设计有"世界各地"这一模块，该模块给学生提供一些有关外国文化的阅读材料，拓宽了学生的知识面，但其中涉及中华传统文化的素材比较少。高职学生无法较好地运用所学英语知识来表达中国文化，这种所谓的"中国文化失语"现象在很大程度上阻碍了中国文化在世界范围内的广泛传播。

（三）学生学习态度不端正

高职院校的生源主要包含两类：一类是通过高考录取的普通高中毕业生，这部分学生的高考分数一般未达到本科录取线。另一类是通过分类招生录取的，其中既包含部分高中毕业生，也包含中职生。高职院校生源复杂，英语水平参差不齐，他们虽有一定的英语基础，但是普遍比较薄弱。很多学生在学习英语的过程中反映单词记不住、句子看不懂、语法不明白、说不出、听不懂等。他们在英语学习中遇到了一些诸如此类的困难，也正是这种畏难心理导致他们对英语学习提不起兴趣，甚至还会产生抵触情绪。根据克拉申的"情感过滤假说"，他们的这种不良情绪会在很大程度上阻碍英语语言的输入。高职学生薄弱的英语基础以及不良的抵触情绪最终会导致英语课堂的思政功能得不到有效发挥。

（四）教师未将思政融入课程中

有些教师虽然有进行思政嵌入的意识，但是没有从英语学科的工具性特征出发，不能把语言训练与思政教育有机地结合起来，也不能有效把握思政的嵌入时机。首先，当前的英语课堂存在教师单纯地进行英语理论知识讲解、不注重设置英语交际情境、英语课堂文化属性不足的问题，无法激发学生对思想政治命题探讨的欲望；其次，有的教师仅围绕思想政治命题展开论述，未能基于英语文化现象调动学生的思维与想象力，无法促使学生在情感上接受思想政治教育，影响了课堂思政教育的质量。

(五)缺乏对教学资源的开发

高职英语教师没有充分开发英语教学资源，导致英语课堂教学内容有限，仅凭课本的知识内容无法吸引学生的注意力。当代学生的信息来源较为广泛，高职英语教师应当积极构建"课上+课下"的互动模式。

英语教师应注重对学生进行课下引导。有些英语教师没有开发微课、慕课等课外英语教育资源，导致其英语课堂教学的吸引力不强，不利于激发学生的反思意识。例如，有些教师过于集中探讨文本中的思想领域命题，没有构建课内外一体化的教学机制；有些教师没有利用课本的典型人物，将哲学命题与当下时政热点有机联系起来；有些教师未在作业中添加思政元素，不利于学生思想水平与英语技能的同步提高。

(六)教学模式有待革新

高职英语教师虽然意识到英语教学内容会给学生带来重要的思想影响，但是没有从学生的角度出发，采用有效的思政引导方法，仅凭单一的理论进行知识点的灌输。例如，教师在介绍一些英语文学作品中的典型人物时，仅以理论陈述的方法讲授一些哲学观点，不利于学生理解人物精神的闪光点。教师没有借助信息化的教学手段构建良好的英语作品赏析情境，导致学生对作品思想内涵理解得不够深入，未能达到思想引导的最佳效果。

四、课程思政的实践路径

(一)挖掘教材思政内容

课程思政需优化设计高职英语教材，充分展现高职英语教材的系统性与逻辑性，以保证高职英语课程教学内容的合理性。英语教材包含了英语基本知识，只有选取正确的课程教学内容，合理选择课文中所涉及的教学内容，让学生充分理解课程教学内容、深入挖掘其内涵，才能塑造学生正确的价值观，进而不断提升其综合素质。通过深度分析语言素材，使学生具备良好的情操，是英语教学的一项重要内容。高职英语一般涉及jobs，travel，shopping，holidays等教学内容，因此学生应通过学习"社交礼仪"，懂得在不同场合使用对应的社交礼仪。这样，学生的职业道德素养才能得到提升。

（二）注重课堂教学设计，提高思政教育

从最初的课堂导入，到课堂教学以及课后任务的布置，教师都需要进行精心设计。只有学生真正掌握语言技能，充分了解文化，思政教育才能起到潜移默化的作用。

例如，导入"jobs"（工作）时，可根据学生的专业设计"Guessing Game"（猜谜游戏），将行业最具代表性的图片展示出来，同时让学生陈述自己的职业设想、相关经历等，使学生在学习过程中产生更高的积极性，将优秀的代表当成自己学习的榜样。

在课堂教学期间，需要不断深化改革，注重教学方法的创新，遵循"以人为本"的教学理念，让学生真正成为学习主体，采用体验式、任务型教学法。例如，教师在讲解"Travel"（旅行）这一话题过程中，为了使学生能够学习旅行方面的知识，可将学生分为多个小组，给每个小组设置相应的任务，利用所学知识向他人介绍自己的家乡，如介绍红色旅游景点等。学生在完成任务的过程中，对所学知识有了深入的了解，进而产生浓厚的爱国主义情怀，同时还能培养其团队合作能力。教师在讲解"Social Etiquette"（社交礼仪）这节课时，可先要求学生将课文通读一遍。初步了解交接名片、握手等礼仪，再要求个别学生进行现场示范。这样学生不仅能理解课文内容，而且其主动性也将被激发出来，同时还能培养其职业素养。

（三）积极开展课外实践活动，深化思政教育功能

高职学校可通过开展课堂教学，充分体现其思政教育功能，当然也可采用其他形式，如开展思政系列的课外实践活动等。学生可通过成立社团，或开展读书会，与其他学生一同阅读《习近平谈治国理政》，相互分享彼此的心得体会。学生应充分利用专业优势，开展各种各样的社会实践活动。只有不断提升学生的语言运用能力，全面实施思想政治教育，重点培养学生的职业能力，将其融入到高职英语课堂中，才能促使学生树立强烈的社会责任感，增强其民族自豪感。

1. 锻炼学生的思维能力

高职院校大学英语课程属于重要的部分，不同专业学生需要学习的英语知识的侧重点不同。因此，应按照学生的专业特点，有针对性地开展英语教学工作，并将课程思政理念融入其中，以培养学生良好的思维能力，达到预期的教育目的。例如，在为会计专业学生讲解英语知识的过程中，渗透课程思政的相关理念，不仅要重视学生英语知识的学习，还要全面培养其人文素养，使用先进的信息技术，提升职业驱动力。在此期间，可以使用问卷调查的方式调查学生对英语单词、句型的掌握情况，并为学生讲解相关的职业知识；还可以通过"思维导图"的方式引导学生思考相关知识和内容，并形成良好的意识观念。这样不仅可以提升学生的综合能力，还能使其树立正确的职业道德观念。首先，应明确具体的英语知识目标，要求学生掌握一定量的英语单词和句型，全面了解各种句型特点，提升英语知识的学习效果。其次，应明确相关的能力目标，要求绘制出相应的"思维导图"。每位学生都要将遵循会计工作标准、形成职业道德作为主线，通过"思维导图"的形式来更好地学习知识，并形成良好的职业道德素养。最后，应明确具体的素质目

标，引导学生形成良好的团队合作意识、职业工作观念等，全面增强整体的教育效果。

2.完善课程流程

（1）课程教学之前的准备。在大学英语课程教学之前，教师应做好准备工作，利用网络平台为学生发送一些图片信息和词组信息，引导学生全面了解相关英语知识和思政知识。为明确学生的课前预习情况，教师可以使用云计算平台，对学生所完成的学习任务进行评价，以此调动学生的学习兴趣，提升课前准备的工作效果。

（2）课堂的教学措施。在课堂教学的工作中，教师应将构建主义理论作为基础，有序开展情境教学工作、写作教学工作、课堂交流活动等，全面增强整体的教育效果，将不同教育方式的作用充分发挥出来。在高职院校的教学中，教师应重视课程导入环节、词汇学习环节、句型学习环节、模仿表演环节、巩固环节等。例如，可以利用情境教学的方式开展相关工作，在课程刚开始的时候，可以播放视频作为导入，为学生讲解"我们国家的山河美丽，我们也应该用心地守护绿水青山"。这样，学生在观看视频的过程中，有利于形成强烈的爱国主义情感，树立正确的观念意识。利用情境模拟的方式，在一定程度上能够提升整体的教育效果，满足当前的教学发展需求。在词汇学习方面，教师也可以引导学生参与相关的课前准备活动，尝试了解课程教学职业道德与国家发展等之间的关系，在一定程度上能够引导学生形成良好的道德素养。在句型学习的过程中，教师可以先为学生播放有关生态环境保护的视频，然后学习关于气候变化方面的英语词汇。这样，不仅可以培养学生良好的专业知识学习能力，还能全面增强其道德素养，使其形成爱护国家山河的良好观念意识。另外，在日常的教学工作中，还可以利用模仿、表演的形式，引导学生进入模拟的职业环境中，让其进行职业角色的扮演，使其在学习英语知识的同时，形成对职业的初步认知，以增强整体的教育效果。

3. 思政教育与英语教育相整合

在高职英语教学工作中，教师不仅应重视学生英语知识与能力的培养，而且要将思政教育和课程教育相整合，以更好地完成课程思政的相关教育指导任务，将学生作为主体，全面提升整体的教育效果。在此期间，教师可以以各种竞赛活动或是课外活动作为载体，采用先进的信息技术开展教学工作，以激发学生的学习兴趣，使其在课堂学习中更好地掌握各种知识，从根本上实现高职英语教学的蜕变目标。同时，在高职英语教学中，应创新相关的考核评价机制，遵循多元化的教育原则，灵活地开展多方面评价工作。通过思政教育和课程教育之间的整合，全面提升学生的学习积极性，并将思政教育的积极作用充分发挥出来。例如，在英语教学工作中，可以为学生讲解英语知识，并渗透有关知识的思政内容，将英语因素和思政知识有机结合，全面增强整体的教育效果，达到预期的教学目标。

参考文献

[1] 黄华. 大数据背景下高职英语教育教学创新研究［M］. 长春：吉林人民出版社，2021.

[2] 黄娟. 高职英语教育与教学创新实践［M］. 延吉：延边大学出版社，2023.

[3] 岳春秀，王巍. 高职英语教育与教学创新实践研究［M］. 长春：吉林人民出版社，2021.

[4] 高职英语教育与教学创新实践研究［M］. 北京：北京工业大学出版社，2020.

[5] 廖丹璐. 高职英语教育与教学创新实践研究［M］. 北京：中国国际广播出版社，2018.

[6] 孟凡飞. 高职教育与外语教学问题研究［M］. 长春：吉林科学技术出版社，2020.

[7] 杨海霞，田志雄，王慧. 现代高职英语教学研究与实践探索［M］. 长春：吉林人民出版社，2019.

[8] 资灿. 高职英语教学的发展与创新研究［M］. 成都：西南交通大学出版社，2020.

[9] 张敏，王大平，杨桂秋. 英语教学改革与创新研究［M］. 北京：九州出版社，2018.

［10］张阳.新媒体时代高职英语教育教学创新研究［J］.海外英语，2022（13）：235-236.

［11］张杰.新媒体时代高职英语教育教学创新思路探讨［J］.英语教师，2024（4）：107-110.

［12］罗蓓.新媒体时代高职英语教育教学创新探索［J］.海外英语，2022（10）：224-225，235.

［13］吴欣欣.新媒体时代高职英语教育教学创新探索［J］.佳木斯职业学院学报，2021（7）：81-82.

［14］王琳琳.高职英语教育教学及创新教学研究［J］.北方文学，2018（24）：208.

［15］黄小琴，马建豹.新媒体时代高职英语教育教学创新探究［J］.湖北开放职业学院学报，2023（23）：11-12，21.

［16］崔宁.新媒体时代高职英语教育教学的创新方法［J］.英语广场，2023，（20）：112-115.

［17］郭茜.新媒体时代高职英语教育教学创新与实践研究［J］.新一代（理论版），2021（8）：184.

［18］张捷.五大发展理念引领高职英语教育教学创新路径［J］.校园英语，2018（27）：99-101.

［19］高岩.创新创业教育融入高职英语课堂教学的研究［J］.海外英语，2022（6）：205-206，223.

［20］袁点点.高职英语教学与创新创业教育融合探究［J］.产业与科技论坛，2022（2）：114-115.

［21］孙志海.高职英语教学中融入创新创业教育的策略探究［J］.产

业与科技论坛，2021（21）：121-122.

［22］邹敏铭.创新教育在高职英语教学中的实施分析［J］.黑龙江科学，2021（21）：78-79.

［23］王久强，张晶晶.高职英语教学中融入创新创业教育的重要性及途径探索［J］.学周刊，2023（10）：31-33.